Zpráva o rozvoji hospodářské a obchodní spolupráce mezi provincií Zhejiang a Českou republikou v rámci iniciativy „Pás a stezka"

(2020)

Zhou Junzi, Zheng Yali, Zhang Haiyan, Hu Wenjing

Překlad

Xu Weizhu, Renata Čuhlová

ZHEJIANG UNIVERSITY PRESS
浙江大学出版社

Předmluva

Provincie Zhejiang je průkopníkem místní spolupráce mezi Čínou a zeměmi střední a východní Evropy(CEEC). Pokud jde o obchod, celkový objem obchodu mezi Zhejiangem a 17 zeměmi CEEC v roce 2019 činil téměř 100 miliard čínských juanů. Ve srovnání s rokem 2012, kdy byl vytvořen mechanismus spolupráce mezi Čínou a zeměmi CEEC se objem obchodu zdvojnásobil, a představuje 15% celkového objemu obchodu mezi Čínou a zeměmi CEEC. Pokud jde o investice, existuje mnoho úspěšných případů společností v high-tech průmyslu, které spolupracují s zahraničními partner na průzkumu euroasijského trhu. Strategie zaměření na světový trh představuje potěšující změnu, v níž se stále více schází podniky vyspělé technologie a hlavní směr investice je stále jasnější. Například v České republice se investiční projekty společností Wanxiang Group, XZB Tech Co., Ltd., Hamaton Automotive Technology Co., Ltd. a Minth Group z Zhejiangu nasměřují na pilířový průmysl automobilové výroby. Česká republika je lídrem v hospodářském rozvoji mezi zeměmi CEEC a disponuje rozvinutou průmyslovou civilizaci. Globální index výroby v roce 2020 ukazuje, že ČR je nejvhodnější evropskou zemí pro rozvoj výroby. Zpráva o globální konkurenceschopnosti 2020 rovněž ukazuje, že ČR je nejkonkurenceschopnější zemí v CEEC. V posledních letech vyvinul Zhejiang v oblasti spolupráce s ČR velké úsilí při stavbě platforem, podpoře projektů a mezilidských výměn, vykazoval pozitivní dynamiku vzájemných návštěv na vysoké úrovni, aktivních obousměrné investice a obchodu a aktivní účast podniků, měst a okresů. Tváří v tvář epidemii COVID-19 Zhejiang přijal pozitivní opatření a převzal odpovědnost za společný boj proti pandemii s ČR. S posláním „důležitého okna"neustále obohacují konotaci spolupráce mezi Zhejiangem a ČR.

Zpráva o rozvoji hospodářské a obchodní spolupráce mezi provincií Zhejiang a Českou republikou v rámci iniciativy Pásu a stezky (2020) shrnuje současný stav spolupráce mezi Zhejiangem a ČR a zaměřuje se na analýzu vývojového trendu české ekonomiky a klíčových průmyslových odvětví. Tato zpráva je rozdělena do tří částí, a to analýza současné situace, výhledy do budoucna a tématické studie. Analýza současného stavu představuje ucelený obrazek dovozu a vývozu, obousměrné investice a kulturní výměny mezi Zhejiangem a ČR v roce 2019 s faktickými údaji a čísly. Jako příklad obousměrné investice byl vybrán případ společnosti Hamaton Automotive Technology Co., která získala skupinu Westfalia Metal Hoses Group, tímto ilustruje potenciál a přínosy Zhejiang-české spolupráce v rámci iniciativy Pásu a stezky. Kapitola společného boje proti pandemii přezkoumává společné úsilí Číny (Zhejiang) a ČR v boji proti pandemii a vyjadřuje důvěru v prohloubení praktické spolupráce a posílení přátelství mezi oběma stranami. Kapitola výhledů do budoucna podává přehled českého hospodářského rozvoje v roce 2019, a učiňuje prognózu trendu ekonomického vývoje ČR a poskytuje rozhodovací reference pro podniky a instituce, které mají zájem o uskutečňování hospodářské a obchodní spolupráce s ČR. Podle zprávy segmenty trhu čelí výzvě oslabení nabídky i poptávky, což je v současnosti velkou překážkou v rozvoji. Doba trvání epidemie a efektivita vládních protiopatření jsou důležité proměnné. Tématické studie je rozdělena na dvě části na základě analýzy českého výrobního průmyslu. První část komplexně analyzuje stav vývoje českého zpracovatelského průmyslu z rozměrů a pozice, charakteristik průmyslového odvětví, závislosti na mezinárodním trhu a digitálního vývoje. Druhá část se těší do budoucnosti a sumarizuje vývojové výhody a potíže vývoje českého zpracovatelského průmyslu. Na základě toho vydává určitý úsudek o jeho vývoji z krátkodobého, střednědobého a dlouhodobého úhlu.

Tato zpráva vychází ve třech jazykových verzích: čínské, anglické a české. Zhou Junzi je zodpovědná za rámcový návrh a celkovou revizi návrhu, stejně jako za psaní analýzy současné situace a výhledů do budoucna. Zheng Yali má na starosti koordinaci psaní a revizi návrhů a psaní části tématických studií. Zhang Haiyan je odpovědná za vedení výzkumu a návrh revize, a píše části analýzy současné situace. Hu Wenjing napsala části tématických studií. Xu Lei odpovídá za organizaci a celkovou kontrolu překladu anglické verze. Xu Lei, Lyu Fangyi a Zhuo Jiani jsou zodpovědní za překlad analýzy současné situace. Xu Lei a Fan Shuangshuang jsou zodpovědné za překlad výhledů do budoucna. Fan Shuangshuang, Zhuo Jiani a Lyu Fangyi jsou zodpovědní za překlad tématických studií. Xu Weizhu odpovídá za organizaci a celkovou kontrolu českého překladu. Xu Weizhu a její tým jsou zodpovědné za překlad výhledů do budoucna a revizi překladu analýzy současné situace a tématických studií. Renata Čuhlová je zodpovědná za překlad analýzy současné situace a tématických studií. Doufáme, že touto zprávou jako prostředkem posiluje diskuse a výměny s českými a světovými vědci a výzkumníky „Pásu a stezky", podpoří vědeckové zkumné spolupráce a bude pracovat jednotně za účelem přispívat a sklízet plodné výsledky výzkumu.

Tato zpráva je hlavním výstupem ročního výzkumu Centra českých studií při Vysoké škole finanční Zhejiang. Toto výzkumné centrum bylo zřízeno jako středisko regionálního výzkumu na základě registrace ministerstva školství, je otevřenou výzkumnou platformou zaměřenou na komplexní studium politických, ekonomických, kulturních a společenských aspektů ČR, jakož i nový typ think tankem sloužícím potřebám výstavby „Pásu a stezky".

Vydání této výzkumné zprávy bylo z důvodu šíření koronaviru v roce 2020 poněkud odloženo. Vzhledem k omezeným schopnostem výzkumného týmu se nezbytně objeví i nedostatky, prosíme tudíž všechny o pochopení a poučení.

Zheng Yali

rektorka Vysoké škole finanční Zhejiang
ředitelka Centra českých studií

Obsah

Současná situace:

Analýza současného stavu

obousměrné spolupráce mezi

Zhejiangem a Českou republikou v roce 2019

Shrnutí obsahu

◆ **Vzájemná výměna zboží**

Roku 2019 činil celkový dovoz a vývoz 1 miliardu USD, z toho byl vývoz z Zhejiangu do České republiky v hodnotě 862 milionů USD a dovoz z České republiky v hodnotě 146 milionů USD, se stále zřejmou obchodní nerovnováhou mezi oběma stranami. Pokud jde o komoditní strukturu, komodity Zhejiang vyvážené do České republiky byly hlavně oblečení a textil, elektrické vedení a kabely apod., a vývoz skladovacích baterií, který se zvýšil díky investicím čtyřikrát. Zatímco dovážené komodity z České republiky byly převážně mechanické a elektrické výrobky, suroviny a výrobky z nich, se zřejmým nárůstem automobilových dílů a dřeva. Pokud jde o hlavní obchodní subjekty, vývozci do České republiky byli v Zhejiang převážně soukromé podniky. Stále důležitější úlohu přitom hrají přeshraniční podniky elektronického obchodu a podniky pro zahraniční obchodní služby.

◆ **Investice**

V roce 2019 nepřibylo příliš nových investičních projektů mezi Zhejiangem a Českou republikou. Výjimkou bylo získání podílu ve Westfalia Metal Hoses Group, která je součástí Hamaton Automotive Technology Co., Ltd., což zahrnovalo 1/3 všech transakcí s českou podnikatelskou společností WCZ. Případ fúze představoval nejen významnou restrukturalizaci aktiv, ale přinesl společnosti Hamaton v oblasti automobilových dílů také synergické efekty, jako je integrace zdrojů, superpozice značky a mezinárodní uspořádání.

◆ **Kulturní výměna**

Rok 2019 byl rokem 70. Výročí navazání diplomatických vztahů mezi Čínskou lidovou republikou a Českou republikou, a rokem vzdělání a výměny mladých lidí mezi Čínou a střední a východní Evropou. Kulturní výměny mezi Zhejiangem a Českou republikou byly aktivnější a rozmanitější. Stejně tak spolupráce v oblasti vzdělávání byla aktivně rozvinuta. Turismus naopak lehce poklesl. Kulturní výměny ukázaly probíhající rozmanitost, most, který spojuje lidi na obou březích.

◆ **Společné usilí v boji proti pandemii**

Na začátku roku 2020 způsobil COVID-19 celosvětový chaos. Když se potvrdily první případy v České republice, česká vláda okamžitě zareagovala dobře mířenou strategií a země prošla třemi fázemi (v prvním pololetí): šířící období, epidemie a období pod kontrolou. Čína (Zhejiang) se v bitvě proti COVID-19 chovala aktivně a pomáhala České republice v boji s koronavirem. Je možné, že po pandemii se Zhejiang zhostí misionářských zodpovědností, aby hrál důležitou roli v podnicích v Zhejiangu, Číňanů v zahraničí a otevřených platformách. To bude fungovat jako „důležité okno" v propagaci aktivní spolupráce mezi Zhejiangem a Českou republikou.

4

Zpráva o rozvoji hospodářské a obchodní spolupráce mezi provincií Zhejiang
a Českou republikou v rámci iniciativy „Pás a stezka" (2020)

Česká republika je důležitým uzlem pro plné zapojení Zhejiang do výstavby „Pásma a stezky" a do iniciativy „17+1". V roce 2019 tyto dvě strany společně začaly novou etapu spolupráce. V rámci obchodní výměny mezi Zhejiangem a Českou republikou, dosáhl objem dovozu a vývozu 1.008 miliardy USD a zvýšil se o 8,2% oproti loňskému roku. Invcestice nových fúzí a akvizic zahrnovaly pilíř českého průmyslu, tedy automobilové díly, s investiční částkou převyšující 100 milionů RMB. Dále, spolupráce ve vzdělávání se neustále inovuje a rozšiřuje, včetně různých kulturních a uměleckých výměnných aktivit. V souvislostí s pandemií COVID-19 posílily Čína (Zhejiang) a Česká republika své přátelství a spolupráci a získaly nový podnět k další praktické spolupráci mezi oběma stranami.

I. Situace v oboustranné výměně zboží

A. Obecný přehled

Objem bilaterálního obchodu dosáhl nového rekordu. Poprvé přesáhl hranici miliardu USD, nicméně celkový rozsah byl omezený a obchodní přebytek vykázal významné zvětšení.

V roce 2019 dosáhl objem obchodu mezi Zhejiangem a Českou republikou nového rekordu, více než 1 miliardu USD, s ročním nárůstem 8,2%. To je o 4,8% více oproti minulému období. Vývoz z Zhejiang do České republiky činil 862 milionů USD, s ročním nárůstem 8,4%. Dovoz z České republiky dosáhl 146 milionů USD, s ročním nárůstem 7,1%. Při pohledu na vývoj dovozu a vývozu mezi Zhejiangem a Českou republikou v poslední dekádě se ukazuje pozitivní růstový trend, zvláště pak v posledních pěti letech. Jak ukazuje Graf 1-1, v letech 2010—2019 se vzájemná obchodní výměna zvýšila z 573 milionů USD na 1,008 miliard USD, s průměrným ročním růstem 6,5%. Z nich se vývoz Zhejiangu do České republiky zvýšil ze 489 milionů USD na 862 milionů USD, s průměrným ročním růstem 6,5%. Dovoz z České republiky se zvžšil z 84 milionů USD na 146 milionů USD, s ročním nárůstem 6,3%. Celkově se vzájemná obchodní výměna významně vyvinula, nicméně přebytek obchodu zároveň vykazoval mimořádné zvětšení.

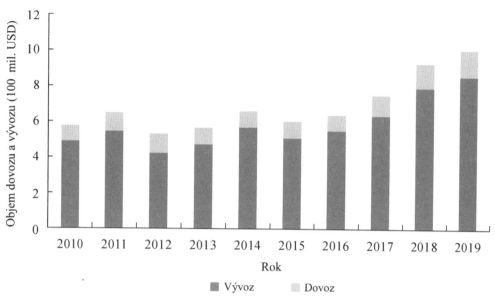

Graf 1-1   Objem dovozu a vývozu mezi Zhejiangem a Českou republikou v letech 2010—2019
(**Zdroj:** Odbor obchodu provincie Zhejiang)

B. Komoditní struktura

Komodity vyvážené do České republiky z Zhejiangu byly především oděvy a textil, elektrické dráty a kabely, atd. S vývozem akumulátorů se více než čtyřikrát zvýšily investice. Na druhou stranu, dovážené komodity z České republiky byly primárně mechanické a elektronické produkty, surové materiály s významným růstem v produktech surovinového původu, autodíly a vytěžené dřevo.

S ohledem na kompozici exportních komodit, 10 top vývozů z Zhejiangu do České republiky v roce 2019 byly oděvy a oděvní doplňky, elektrické dráty a kabely jako hlavní komodity (Graf 1-2). Oděvy a oděvní doplňky byly dominantními výrobky vývozu s objemem 97,2887 milionů USD a podílem 11,3% na celkovém vývozu mezi Českou republikou a Zhejiangem v roce 2019. Exportní hodnota vyvezeného oblečení a doplňků činila 69,2959 milionů USD. Textilní příze a látky obsadily druhou příčku ve vývozních komoditách v hodnotě 27,9928 milionů USD, následované dráty a kabely, motory a generátory, akumulátory, a to v hodnotě méně než 30 milionů USD, vykazující tak velký rozdíl ve srovnání s textilem a oděvy.

Ve vertikálním porovnání, mezi 10 hlavními komoditami vyváženými do České republiky v roce 2019 zaznamenaly akumulátory největší nárůst, až 426,2%, následovaný telefonními přístroji s meziročním nárůstem 144,0%. Největší pokles byl v oblečení a doplňcích, meziroční pokles o 20,8%, následovaný dráty a kabely, motory a generátory, které poklesly o 15,2%, resp. o 10,1%. Tyto tři kategorie produktů se zařadily mezi 3 největší vývozní komodity v roce 2018, s nárůstem více než 30,0% za rok. Protože hlavní vývozní komodity z Zhejiangu do České republiky byly omezeny a spíše soustředěny mezi několik podniků, jsou tak více náchylné ke

6

Zpráva o rozvoji hospodářské a obchodní spolupráce mezi provincií Zhejiang
a Českou republikou v rámci iniciativy „Pás a stezka" (2020)

fluktuaci způsobené rozmachem či poklesem na podnikatelské stupnici jednotlivých podniků.
Například Wanxiang A123 Systems Co., Ltd. investoval a zbudoval továrnu na lithiové baterie v
České republice, která vedla k vývozu souvisejících produktů, což vedlo take k prudkému
nárůstu vývozu akumulátorů do České republiky.

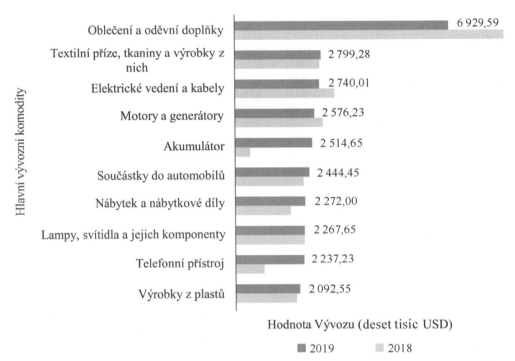

**Graf 1-2   Stupnice a meziroční nárůst a pokles hlavních vývozních komodit z Zhejiangu do České
republiky v roce 2019**

(**Zdroj:** Odbor obchodu provincie Zhejiang)

S ohledem na složení dovážených komodit, 10 top vývozů z Zhejiangu do České republiky v
roce 2019 je znázorněno na grafu 1-3. Kovošrot, obráběcí stroje na zpracování kovů a podobné
jsou hlavními produkty. 10 top dovozů z Zhejiangu do České republiky činilo 55,1% všech vývozu
do Zhejiangu z České republiky během stejného období minulého roku. Míra koncentrace
komodit byla vyšší než hlavní vývozní produkty (33,5%) a byla také vyšší než celková míra
koncentrace hlavních dovozů v Zhejiangu (41,0%) během uplynulého období, což odráží hlavní
poptávku komodit z České republiky v Zhejiangu. Celkový objem dovozů obráběcích strojů pro
zpracovaní kovů, autodílů, diod a podobných polovodičových součástek dosáhl 44,5452 milionů
USD, což je 30,4% všech dovozů do Zhejiangu z České republiky. Celkový objem dovozů surovin a
produktů založených na zdrojích, jako je kovošrot, vytěžené dřevo a plasty dosáhl 29,2655
milionů USD, což je 20,0% všech dovozů z České republiky do Zhejiangu.

Ve vertikálním srovnání 10 hlavních komodit dovážených z České republiky v roce 2019 vykázalo největší nárůst vytěžené dřevo, 7 krát více než v předchozím roce. Tato skutečnost je hlavně způsobena zrychlenou těžbu dřeva v České republice a napadáním lesů kůrovcem, uvalení cla na dovážené dřevo listnatých stromů ze Spojených států a také pokračující zastavení těžby dřeva z čínských lesů. Podle dat sítě čínského dřevařského průmyslu v roce 2019 byla Česká republika mezi 5 top zeměmi v dovozu těženého dřeva do Číny. Dále, dovozy autodílů z České republiky do Zhejiangu se meziročně zvýšily dvojnásobně. Automobilový průmysl byl vždy pilířem české ekonomiky. Co se týká autodílů, Ernst & Young, evropská investiční společnost, ohodnotila Českou republiku jako dlouhodobě nejlepší světovou investiční destinaci v průmyslu autodílů. V posledních letech nabral dovoz autodílů z České republiky do Zhejiangu na rychlosti, což do jisté míry doplňuje domácí autodíly a také napomáhá zlepšení kvality a účinosti automobilových produktů.

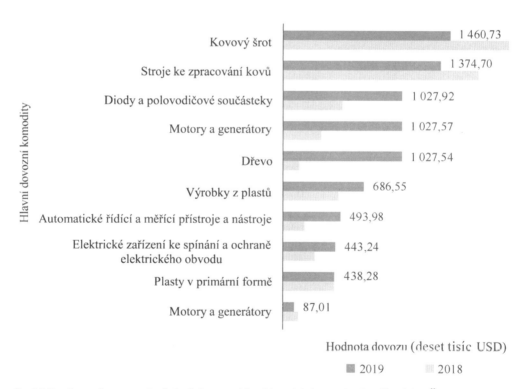

Graf 1-3   Stupnice a meziroční nárůst a pokles hlavních komodit dovážených z České republiky do Zhejiangu v roce 2019

(**Zdroj:** Odbor obchodu provincie Zhejiang)

C. Hlavní obchodní orgány

Soukromé podniky mají relativně vysoký podíl zastoupení, zatímco přeshraniční elektronické obchody a další nové zahraniční obchodní formy hrají více prominentní roli.

V rámci vývozu byly mezi 20 vývozními podniky z Zhejiangu do České republiky v roce 2019

8

Zpráva o rozvoji hospodářské a obchodní spolupráce mezi provincií Zhejiang
a Českou republikou v rámci iniciativy „Pás a stezka" (2020)

Mobiwire Mobiles (Ningbo) Co., Ltd., Panasonic Motor (Hangzhou) Co., Ltd., Wanxiang A123 Systems Co., Ltd., Zhejiang Cfmoto Power Co., Ltd., Wanxiang Import & Export Co., Ltd.,Zhejiang Ke'en Sanitary Fixtures Co., Ltd., Hangzhou Hikvision Digital Technology Co., Ltd., Cixi Donggong Electric Co., Ltd., Hangzhou Sunrise Technology Co., Ltd., DENSO (Hangzhou) Co., Ltd., Zhejiang Zhaolong Cable Co., Ltd., Ningbo Daye Garden Machinery Co., Ltd., Zhejiang Huahai Pharmaceutical Co., ltd., Nidec Shibaura (Zhejiang) Co., Ltd., Ningbo Timberword International Trade Co., Ltd., Welfull Group Co., Ltd., Express E-commerce Package (8639), Ningbo Haitian International Co., Ltd., China-Base Ningbo Foreign Trade Co., Ltd., Haining Hisener Trade Co., Ltd.

Co se týká povahy obchodu, soukromé podniky hrají hlavní roly ve vývozu z Zhejiangu do České republiky. Tyto soukromé firmy čítají téměř polovinu z 20 top vývozců z Zhejiangu do České republiky. Z perspektivy hlavních produktů se jedná hlavně o elektronické zařízení, motory, lithiové baterie, autodíly, atd. Ohledně obchodního modelu, v souvislosti s rozvíjející se propagací projektu české stanice, přeshraniční eshopy hrají neuvěřitelnou roli ve vývozu Zhejiangu do České republiky.

Mezi 20 top importujících podniků z České republiky do provincie Zhejiang v roce 2019 patřilo Lego Toy Manufacturing (Jiaxing) Co., Ltd., Ningbo Leadgo E-commerce Co., Ltd., Jiashan Sunking Power Equipment Technology Co., Ltd., Ningbo Jintian Copper (Group) Co., Ltd., Asia Euro Automobile Manufacturing (Taizhou) Co., Ltd., Zhejiang Material Industry Civil Products Blasting Equipment Co., Ltd., Haitian Plastics Machinery Co., Ltd., Zhejiang Material Industry Senhua Group Co., Ltd., Tederic Machinery Co., Ltd., Joyson (Huzhou) Automotive Safety Systems Co., Ltd., Hailun Piano Co., Ltd., Hangzhou Steam Turbine Co., Ltd., KSK Automotive Components (Pinghu) Co., Ltd., China Petrochemical International (Ningbo) Co., Ltd., Kayaku Safety Systems (Huzhou) Co., Ltd., Zhejiang Neoglory Jewelry Co., Ltd., ZheJiang Scientific Instruments & Materials Import / Export Co., Ltd., Hangzhou Xinye Lid Manufacturing Co., Ltd., Zhejiang Liuqiao Industrial Co., Ltd., Ningbo Kangshida Import & Export Co., Ltd.

20 top podniků z Zhejiang dovážející z České republiky zahrnovalo 9 soukromých podniků, což je vyšší podíl nežli v roce 2018. Z perspektivy nových podniků, ve srovnání s rokem 2018 mezi 20 top podniky, které dováží z České republiky, je v roce 2019 10 nových, zapojených do obchodu s autodíly, obráběním kovů, vědeckými zařízeními a dalšími obory. Z perspektivy obchodního modelu, statut přeshraničního elektronického obchodování v dovozu z České republiky do Zhejiangu se postupně zlepšoval. Kupříkladu import z Ningbo Leadgo E-commerce Co., Ltd. postoupil z 8. místa v roce 2018 na 2. místo v roce 2019.

II. Dvoustranné investice

V roce 2019 byla nová dvoustranná bilaterální investice mezi Zhejiangem a Českou republikou omezena. Dle dat Odboru obchodu provincie Zhejiang byly v roce 2019 schváleny dva nové investiční projekty v České republice s čínskou investicí v hodnotě 22.2866 milionů USD, investující především do výroby automobilů, počítačů, komunikace a dalších elektronických zařízení. Mezi nimi byla z nových rozsáhlých investičních projektů akvizice Westfalia Metal Hoses Group (dále jen „WMHG") firmou Hamaton Automotive Technology Co., Ltd. (dále jen „Hamaton"). Konkrétní detaily tohoto projektu jsou následující:

A. Profil podniku

Hamaton byla založena v roce 1993. Je profesionálním výrobcem zapojeným do vědy a výzkumu, vyrábí a prodává ventily k pneumatikám, systémy na sledování tlaku pneumatik (TPMS) a související nářadí a doplňky. Na trhu poprodejních služeb (trh AM) úzce spolupracuje s poskytovateli poprodejních služeb, jako jsou 31 Inc, Tyresure a REMA. Na trhu úplné podpory vozidla (OEM trh) si Hamaton vytvořil dlouhodobé a stálé spolupráce s prvotřídními dodavateli autodílů jakými jsou Zhongce Rubber Group Co., Ltd., a Haltec, a kompletními výrobci vozidel jako je SAIC. Je to podporující dodavatel řady známých výrobců automobilů jako je SAIC-GM, Volkswagen, BAIC, GAC, atd. Je také podporující dodavatel Alcoa, Volvo, atd., a s mezinárodní klientelou na trhu poprodejních služeb v Evropě a Americe.

Získaná společnost WMHG pod skupinou Heitkamp & Thumann (dále jen „H&T") je specificky spojena se šesti firmami: Westfalia Metallschlauchtechnik GmbH & Co. KG Germany Business Company (dále jen „WSH"), Westfalia Metal s.r.o. Czech Business Company (dále jen „WCZ"), Westfalia, Inc. American Business Company (dále jen „WIW"), Westfalia Shanghai Trading Company Ltd. (dále jen „WSC"), Westfalia Metal Components Shanghai Co., Ltd. (dále jen „WSS") a Westfalia Grundstücks-GmbH & Co. KG (dále jen „WGG").

WMHG je světový vedoucí dodavatel komplexních součástek a lídr v globálním trhu vzduchotěsných oddělených komponentů pro užitková vozidla zaměřující se na výrobu výfukových systémů a oddělených komponentů pro komerční vozidla a další těžká transportní vozidla. Také poskytuje flexibilní kovové hadice, vzduchotěsné flexibilní součástky, lokty, izolační rukávy a montáže výfukových systémů pro celosvětové automobilové výfukové systémy a je jedinou firmou s vzduchotěsnými řešeními založenými na svařených hadicích.

Mezi nimi WCZ, česká obchodní společnost byla zaregistrována v Brně v roce 2001. Plně pod kontrolou Westfalia Metallslauchtechnik Verwaltungs-GmbH (dále jen „WSV"), přidružený podnik Heitkamp & Thumann KG (dále jen „H&T KG"), se vyznačuje relativně perfektní schopností montáží a výroby. Kromě výroby Strip Wound Hose („SWH") se ujmulo montáží výrobků Gastight Hose („GTH"), výroby kovových koncových úchytek hadic, loktů a instalace termální izolace.

B. Profil akvizice

Akvizitoři: Hamaton a jeho plně vlastněné dceřiné firmy CORE Mainstream Luxemburg S.A.R.L. (dále jen „CORE Luxemburg") a CORE Mainstream Germany GmbH (dále jen „CORE

10

Zpráva o rozvoji hospodářské a obchodní spolupráce mezi provincií Zhejiang
a Českou republikou v rámci iniciativy „Pás a stezka" (2020)

Germany").

Získaná strana: skupina H&T, konkrétně včetně H&T KG a jeho přidružené podniky WSV a WGG.

Cíl akvizice: WMHG—související majetková a nemajetková aktiva, konkrétně včetně WSH, WCZ, WIW, WSC, WSS a WGG. Seznam transakcí je detailně ukázán v tabulce 1-1.

Tabulka 1-1   Obchodní list majetkových a nemajetkových aktiv

Čisté jmění

Č.	Získaná strana	Akviziční cíl	Získaná strana Akciový podíl	Nabyvatel	Konečná kupní cena (EUR)
1	H&T KG	WSH (Německo)	Limited partner's equity	CORE Germany	19 226 052
2	WSV	WCZ (Česká republika)	100%	CORE Germany	17 257 217
3	WSV	WIW (USA)	100%	CORE Germany	2 435 246
4	WSV	WSC (Shanghai, China)	100%	Hamaton	2 602 000
5	WSV	WSS (Shanghai, China)	100%	Hamaton	7 017 000

Cizí kapitál

Č.	Získaná strana	Akviziční cíl	Nabyvatel	Konečná kupní cena (EUR)
6	WGG	Pozemek v německém Hilchenbach a všechny práva a povinnosti, stejně jako nemovistosti s tím související. Pozemek byl původně používán WSH, a pokrýval území o velikosti 32 666 m^2.	CORE Luxemburg	3 874 668

(Zdroj: Podle Podle stanovisek k průběžnému dohledu společnosti BOC International Securities Co., Ltd. z roku 2019 ke koupi hlavních aktiv společnosti Hamaton Automotive Technology Co., Ltd.)

Poznámka: WSH je komanditní společnost, WSV je jejím generálním partnerem a H&T KG je jejím komanditním partnerem. Když H&T KG převede svůj 100% omezený partnerský podíl WSH na kupujícího, WSV zruší svůj obecný partnerský podíl.

Cena transakce: Celková konečná kupní cena je 52 412 183 EUR, ze kterých je konečná kupní cena WCZ, české obchodní společnosti, 17 257 217 EUR.

Platební metoda: Hotovost. Do května 2020 byly provedeny všechny platby a WCZ dokončilo akvizici v září 2019.

Změny v kapitálu: Tato akvizice zahrnuje změny ve vlastnické struktuře. Vlastnická struktura mezi nabyvatelem a získanou osobou po akvizici je znázorněna na grafu 1-4.

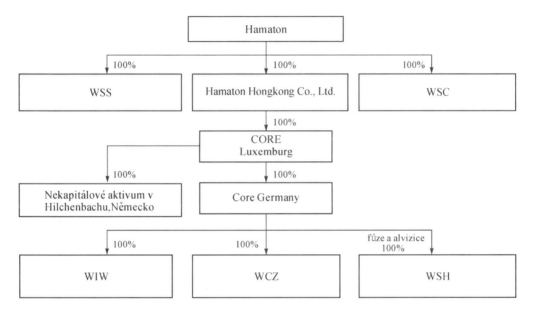

Graf 1-4 Vztah mezi nabyvatelem a získanou osobou po akvizici

(**Zdroj:** Zpráva o uskutečnění koupě hlavního aktiva Hamaton Automotive Technology Co., Ltd.)

C. Analýza dopadů

Akvizice WMHG HAMATONEM nebude představovat jen hlavní aktiva restrukturalizace pro nabyvatele, ale také přináší pozitivní efekty, jako je integrace zdrojů, mezinárodní uspořádání a superpozice značky.

1. Efekt integrace zdrojů

Může poskytnout synergii pro Hamaton s WMHG v klíčových oblastech automobilových dílů pro užitková vozidla. Díky integraci týmů výzkumu a vývoje, marketingových týmů a prodejních kanálů může společnost Hamaton poskytovat výrobcům užitkových vozidel komplexní produkty a služby lepším způsobem.

2. Efekt mezinárodního rozvržení

Díky této akvizici může společnost Vantone Zhikong rychle dokončit své mezinárodní uspořádání se základnami výzkumu a vývoje, výroby a prodeje ve Spojených státech, Evropě a Číně, které pokrývají všechny hlavní trhy po celém světě. Může také dále porozumět zámořskému tržnímu prostředí, podnikatelskému prostředí a právnímu prostředí a obohatit zkušenosti s řízením nadnárodních podniků.

3. Efekt superpozice značky

Díky výhodám značky WMHG může Hamaton aktivně zahájit uspořádání mezinárodního trhu a podporovat strategii více značek. Současně může WMHG dále prozkoumat domácí trh díky domácí popularitě a postavení HAMATONU tak, aby se zvýšila komplexní konkurenceschopnost Wantong Zhikong.

III. Kulturní výměny

A. Platforma pro spolupráci ve vzdělávání je aktivně budována a vývojový prostor se neustále rozšiřuje

V roce 2019 bylo tématem spolupráce mezi Čínou a zeměmi střední a východní Evropy „Rok výměny vzdělávání a mládeže". Na 8. setkání lídrů mezi Čínou a zeměmi střední a východní Evropy byl rovněž vydán Dubrovnický koncept spolupráce mezi Čínou a zeměmi střední a východní Evropy, který objasnil pět aspektů spolupráce ve vzdělávání, mládeži a sportu. Zhejiang, vedený duchem nového konceptu, neustále rozšiřoval spolupráci se zeměmi střední a východní Evropy v oblasti vzdělávání, zkoumal nové způsoby spolupráce ve vzdělávání a účinně prosazoval rozsah a úroveň spolupráce ve vzdělávání mezi Zhejiangem a Česká republika.

V únoru podepsaly čínské Ministerstvo školství a samospráva města Ningbo Memorandum o mezinárodní spolupráci na podporu vzdělávání „iniciativy Pásmo a stezka" se zaměřením na podporu Ningbo při provádění experimentu mezinárodní spolupráce ve vzdělávání „Hedvábná stezka", vedení dialogu o vzdělávací politice mezi Čínou a zeměmi střední a východní Evropy, posilování školení zahraniční pomoci pro odborné vzdělávání a provozování škol v zahraničí. V květnu během návštěvy Che Juna, techdejšího tajemníka provinčního výboru provincie Zhejiang v České republice, čínská Jiliang University a Vysoké školy finanční a správní v Praze společně založily České humanitní výměnné centrum Zhejiang a Výzkumný ústav střední a východní Evropy. Zhejiang Financial College podepsala dohodu o spolupráci s českou stanicí „Iniciativa Pásmo a stezka" s cílem prozkoumat společné budování „Silk Road College". Rovněž bylo podepsáno memorandum o strategickém výzkumném projektu AV21 „Globální konflikt a místní interakce" s Globálním výzkumným centrem Akademie věd České republiky. Mezitím byla na Univerzitě Zhejiang Wanli založena jazyková škola „Iniciativa Pásmo a stezka" a studium v češtině dokončila první skupina studentů na zakázku.Od července do srpna se na Mendelově univerzitě v České republice konal 4.

mezinárodní seminář studentů magisterského studia Zhejiang University, zahrnující akademické přednášky předních českých profesorů, návštěvy významných mezinárodních organizací, praktické výzkumné aktivity ve čtyřech zemích střední a východní Evropy atd. V říjnu se v Ningbo konalo slavnostní zahájení šesté Čínsko(Ningbo)-střední a východní evropské konference o výměně v oblasti spolupráce ve vzdělávání, konkrétně summitu spolupráce zemí Pásma a stezky v oblasti vzdělávání. Bylo představeno sedm vzdělávacích a kulturních center a podepsáno sedm dohod o spolupráci ve vzdělávání, mezi nimiž byla podepsána smlouva o párování s Ningbo Dongqian Lake Tourism School s českou mezinárodní školou cestovního ruchu Jiemeiji. Kromě toho Zhejiang Ocean University a Česká zemědělská univerzita v Praze podepsaly memorandum o spolupráci v oblasti biotechnologií, environmentálních technologií a technologie zpracování potravin. Vysoká škola zdravotnických věd Ningbo podepsala dohodu o spolupráci s pražskou vysokou školou lékařského ošetřovatelství a dosáhla konsensu o spolupráci v oblasti lékařského vzdělávání a zdravotní péče. Vysoká škola finanční Zhejiang jako jedinou vysokou školou v Číně, která zřídila v kampusu český pavilion, aktivně slouží ... souvisejícím univerzitám, podnikům a sdružením a každoročně přijímá téměř 6 000 návštěvníků.

B. Turistická horečka ochladla a tempo růstu se změnilo z rostoucího na klesající

V posledních letech počet čínských turistů do České republiky nadále velmi roste, avšak v roce 2019 se tempo růstu změnilo a mírně pokleslo. Podle údajů Českého statistického úřadu je Čína již dva roky po sobě čtvrtou zemí s největším počtem zahraničních turistů do České republiky. V roce 2019 cestovalo do České republiky 612 tisíc čínských turistů, což představuje meziroční pokles o 1%. Mezi nimi činí pokles čínských turistů ve třetím čtvrtletí velkou část ročního poklesu, do jisté míry souvisejícím s vysokým základem rané etapy.

Ačkoli se čínsko-česká horečka cestovního ruchu do určité míry lehce ochladila, bohaté a atraktivní zdroje cestovního ruchu České republiky jsou v souladu se zvyšováním spotřeby cestovního ruchu v Zhejiang a turistická spolupráce a interakce mezi Zhejingem a Českou republikou jsou stále časté. V květnu se v Praze uskutečnilo setkání Zhejiang (Ningbo)-česká ekonomická, obchodní, vědecká a technologická spolupráce a výměna, kterou pořádala zemská vláda Zhejiang a kterou uskutečnila městská vláda Ningbo. Městský úřad pro kulturu, rozhlas, film a cestovní ruch v Ningbo podepsal s českou stranou projekt spolupráce v oblasti kulturního cestovního ruchu s cílem dalšího rozvoje obousměrného trhu cestovního ruchu. V červnu byla v Ningbo zahájena první čínsko-středoevropská a východoevropská výstava, na které Česká republika, Polsko, Slovensko, Maďarsko a další země aktivně propagovaly svůj cestovní ruch se svými charakteristikami na zvláštním setkání zaměřeném na cestovní ruch střední a východní Evropy, zatímco Česká republika, jako vedoucí země, sdílela řadu jedinečných turistických cest. Mezitím společnost Zhejiang China Travel Service Group Co., Ltd. podepsala s Wings Travel objednávku na miliony USD, která převážně zakotvuje zdroje českého cestovního ruchu. Pandemie v roce 2020 měla nebývalý dopad na

14

Zpráva o rozvoji hospodářské a obchodní spolupráce mezi provincií Zhejiang
a Českou republikou v rámci iniciativy „Pás a stezka" (2020)

mezinárodní cestovní ruch. Za příznivého obratu pandemické situace bude spolupráce v oblasti cestovního ruchu mezi Zhejiangem a Českou republikou postupně obnovena, ovšem období jejího oživení bude delší.

C. Kulturní výměny přinášejí bohatou rozmanitost a vytvářejí most spojující lidi na obou stranách

Rok 2019 se shodoval se 70. výročím navázání diplomatických vztahů mezi Čínou a Českou republikou. Kulturní a umělecké výměnné aktivity mezi oběma stranami jsou bohaté a barevné. Zhejiang také přispívá k podpoře kulturní výměny a integrace mezi oběma stranami. V lednu navštívil Českou republiku tým Wu divadla ze Zhejiangu Chen Meilan New Drama Creation, který představil pět představení ve třech městech, konkrétně v Praze, Ostravě a Olomouci. S tématem „Happy Spring Festival, Beautiful Zhejiang" představila klasickou operu Wu, lidové zvyky Zhejiang, tradiční čínskou kulturu a českou místní hudbu uspořádáním klasických programů jako „Fairy Flowers Scattered", „Jiangnan Silk and Bamboo Ensemble", „Nine Festival Dragons", „Talking and Singing Facebook", „Opera Martial Arts" a „Czech Folk Songs Ensemble". Posílilo to porozumění českého lidu unikátní tradiční kultuře provincie Zhejiang a zmenšilo vzdálenost mezi nimi. V květnu 2019 byla v České republice zahájena řada evropských kulturních aktivit provincie Zhejiang. V Plzni se konala výstava „Hedvábí, čaj a porcelán, mezikulturní dialog na Hedvábné stezce". Výstava byla rozdělena do pěti sekcí: zdroj, cesta, umění, náčiní a fúze. Historie vývoje a umělecké změny hedvábí, čaje a porcelánu v Zhejiangu po tisíce let byly podrobně představeny vystavením jemných výrobků z hedvábí, čaje a porcelánu Zhejiang, šířením kulturních symbolů, výměnou a interakcí na místě. Uceleně zobrazuje historii a kulturní konotaci „hedvábí, čaje a porcelánu" z hlediska historického původu hedvábí a čaje, výměnu mezi východem a západem, dědičnosti a vývoje umění. Mezitím uspořádala vzdělávací a kulturní výměnná představení Střední škola Wenlan v Hangzhou a Česká střední škola Otna v budově ZIBA bývalé České centrální banky, která jsou klíčové jednotky ochrany kulturních památek v Praze. V srpnu se na Zhejiang Silk Road konalo slavnostní zahájení pražské speciální výstavy „Centennial Xiling China Seal" a výměnné aktivity umělecké tvorby, které společně pořádala Česká stanice Hedvábné stezky a Xiling Seal Engravers Society. Speciální výstava, která přijala integrovanou metodu zobrazení kombinující tvorbu na místě a uměleckou ukázku, představila zvláštní kouzlo čínského umění. Na jedné straně umělci společnosti Xiling Seal Engravers Society prokázali čínský tradiční literátský temperament a orientální uměleckou krásu řezbářství a umění prostřednictvím umění řezání pečetí, malby a kaligrafie, což je inspirativní umělecká výměna na místě. Naopak 48 originálních pečetí „Lidové olympiády" a 70 obrazů a kaligrafických děl vytvořených umělci ze společnosti Xiling Seal Engravers Society bylo demonstrováno v podobě výstavy na místě, umělecké hostiny, která prohloubila pochopení lidí pro čínské umělecké řemeslo.

IV. Společné úsilí v boji proti pandemické analýze

A. Boj proti epidemii v České republice

Od objevení prvního potvrzeného případu COVID-19 dne 1. března 2020 zavedla Česká vláda republika včas přísná preventivní a kontrolní opatření proti epidemii. Byla to jedna z prvních zemí Evropské unie, která vyhlásila výjimečný stav, uzavřela své hranice a donutila lidi nosit roušky masky na veřejnosti. Díky rychlé reakci a cíleným opatřením se Česká republika stala první zemí, která oznámila deregulaci nepříznivé situace nejvíce potvrzených případů v rané fázi ohniska ve střední a východní Evropě, která vykazuje extrémně vysokou účinnost v prevenci a kontrole epidemií. Od výskytu potvrzených případů 1. března do deregulačního uzlu 25. května lze protiepidemický průběh České republiky zhruba rozdělit do tří fází.

1. První fáze: období šíření epidemie (1.—21. března)

Česká republika poprvé oznámila tři potvrzené případy COVID-19 1. března a o půl měsíce později se zařadila do zemí s nejvíce potvrzenými případy ze 17 zemí střední a východní Evropy. Jak ukazuje Graf 1-5, od 1. března do 21. března bylo v České republice

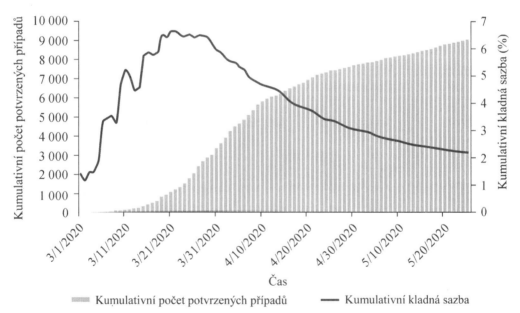

Graf 1-5   Kumulativní potvrzené případy COVID-19 v České republice od 1. března do 25. května 2020

(**Zdroj:** Ministerstvo zdravotnictví České republiky)

Poznámka: Kumulativní kladná sazba se vztahuje k podílu kumulativních pozitivních případů (potvrzených případů) k celkovému počtu kumulativních testů.

diagnostikováno celkem více než 1 000 případů COVID-19 a kumulativní pozitivní míra nepřetržitě rostla až 21. března dosáhla maxima 6,6%. Zdrojem infekce česká epidemie je severní Itálie, kde se v té době objevila nejzávažnější situace v Evropě. Podle údajů českého Ministerstva zdravotnictví ČR bylo na začátku března v Itálii asi 16 500 Čechů, z nichž většinu tvořili rekreanti. S neustálým vývojem epidemie měly zdroje infekce tendenci se diverzifikovat a některé případy infekce se týkaly Rakouska, Německa, Spojených států a Španělska. Z hlediska regionální distribuce byla nejzávažněji infikována Praha, následovaly Střední Čechy, Olomouc, Ústí a Zlín.

Proti epidemii COVID-19 česká vláda rychle přijala opatření a intenzivně zavedla řadu přísných kontrolních opatření, která byla průběžně zdokonalována (jak ukazuje tabulka 1-2).

1) V rámci řízení státu určila Světová zdravotnická organizace (WHO) nový koronavirus jako globální pandemii. 12. března vyhlásila česká vláda 30-denní výjimečný stav, kdy vláda v době krize kolektivně řídila zemi a dvakrát ho prodloužila až na 17. května. Stav nouze je krizové opatření přijaté českou vládou, poněvadž v závažných případech může bude COVID-19 vážně ohrožovat životy lidí, zdraví a bezpečnost majetku, a dokonce i národní řád a bezpečnost.

2) Pokud jde o vstup a odjezd a pohyb lidí, bylo 2. března oznámeno, že česká vláda pozastavila lety do a z Jižní Koreje a severotalianských měst. 7. března oznámila pozastavení vydávání víz íránským občanům, které bylo upgradováno tak, že 14. března přestala vydávat všechna víza. 9. března byly provedeny namátkové kontroly teploty na 10 hraničních přechodech v České republice. Zároveň byly k přísnému vymáhání kontroly mobilizovány jednotky k hranicím Německa a Rakouska. Hranice s Polskem a Slovenskem byly rovněž kontrolovány oběma zeměmi. 10. března bylo rozhodnuto zakázat úředníkům cestování a služební cesty do zahraničí a ministři by měli schvalovat zvláštní záležitosti. 16. března vstoupil v platnost zákaz volného pohybu osob, který zakazoval volný pohyb fyzických osob v České republice. Současně byl všem cizincům zakázán vstup do České republiky a všem Čechům byl zakázán výjezd ze země. Jedná se o nejpřísnější preventivní a kontrolní opatření, které česká vláda přijala od 1. března.

3) Pokud jde o inspekci a karanténu, byla zřízena řada laboratoří pro testování a hodnocení shromážděných vzorků. A byla zavedena opatření pro odběr vzorků doma, podpořilo se izolování lidí doma, a byl poslán zdravotnický personál, aby odebíral vzorky k inspekci telefonem nebo e-mailem, tím aby se snižuje možnost přenosu virů. Pravidlo 14-denní povinné karantény bylo zavedeno pro všechny navrátilce z Itálie od 7. března a rozšířeno na navrátilce z 15 vysoce rizikových zemí včetně Číny od 13. března.

4) Pokud jde o materiály pro prevenci epidemie, vývoz, prodejní cenu a nošení roušky bylo přísně kontrolováno. Od 4. března bylo zakázáno vyvážet roušky FFP3 a byly zavedeny nové předpisy o oběhu léků, které zakazují dodávat všechny povolené léčivé přípravky původně plánované na český trh do zemí EU nebo vyvážet do jiných zemí mimo EU. České Ministerstvo financí oznámilo kontrolu cen roušek. Cena roušky vyrobená v zemích EU je 175 CZK za kus (bez DPH, totéž níže) a 350 CZK za kus v zemích mimo EU. 19. března bylo zavedeno

povinné nošení roušky nebo jiných ochranných dýchacích pomůcek na veřejných místech a vláda schválila také přidělení 500 milionů CZK z rezervy státního rozpočtu Ministerstvu zdravotnictví na zajištění nákupu nezbytných lékařských ochranných prostředků .

5) Pokud jde o obchodní prostory a skupinové aktivity, byly zavřeny školy, obchody, restaurace, veřejné prostory atd. A počet lidí na různých shromážděních by měl být omezen. Od 11. března byly po celé zemi uzavřeny základní školy, střední školy, vysoké školy a univerzity a instituce vysokoškolského vzdělávání, do nichž bylo zapojeno přibližně 1,7 milionu studentů. S podporou Ministerstva školství zahájila Česká televize od 16. března pro studenty „TV třídu" s cílem zmírnit problém pozastavení školní docházky pro děti a jejich rodiče, který byl předběžně naplánován na jeden měsíc. Byly to nejen kurzy pro základní školy, ale také kurzy pro střední školy, jako je fyzika, zeměpis a historie. Vláda ČR rovněž donutila studenty denního studia na vysokých školách a univerzitách studovat sociální a humanitární práci, sociální právo, sociální pedagogiku, sociální ošetřovatelství, sociální patologii atd. A cítí povinnost poskytnout v případě potřeby pomoc. Od 11. března byly všechny hromadné akce s více než 100 lidmi zakázány a všechny hrady, muzea, knihovny a umělecké galerie byly uzavřeny. Po 13. březnu vláda dále zpřísnila tato opatření, snížila maximální počet účastníků jakékoli činnosti na 30 a zakázala veřejnosti vstup na sportovní hřiště, fitness centra, bazény, společenské kluby atd., Zavřela všechny restaurace, bary, kasina, stánkové trhy, nákupní centra, kosmetické salony, holičství a další poskytovatelé služeb kromě obchodů s potravinami, lékáren, čerpacích stanic, obchod s potřebami pro zvířata a některých dalších obchodů.

Tabulka 1-2   Důležitá kronika české protiepidemie od 1. března do 25. května 2020

Čas	Protiepidemická kronika
1. březen	● Česká republika poprvé oznámila tři potvrzené případy COVID-19
2. březen	● Lety mezi Českou republikou a Jižní Koreou / městy severní Itálie byly pozastaveny
4. březen	● Bylo zakázáno vyvážet roušky FFP3, které bylo možné podle předpisů prodávat pouze zdravotnickým a sociálním zařízením, útvarům veřejného zdraví, komplexním záchranným systémům a dalším orgánům státní správy. Zákaz bude zrušen o měsíc později
7. březen	● Pravidlo čtrnáctidenní povinné karantény bylo zavedeno pro všechny navrátilce z Itálie a těm, kteří poruší předpisy, bude hrozit pokuta až do výše 3 milionů Kč
9. březen	● Náhodné kontroly teploty cestujících byly prováděny na 10 hraničních přechodech v České republice. Zároveň byly k přísnému vymáhání kontroly mobilizovány jednotky k hranicím Německa a Rakouska. Tyto dvě země rovněž kontrolovaly hranice s Polskem a Slovenskem
10. březen	● Státním zaměstnancům byl zakázán mezinárodní cestovní a služební pobyt a zvláštní záležitosti by měli schvalovat ministři ● Cizím osobám bylo zakázáno navštěvovat lůžková oddělení a pečovatelské domy

18

Zpráva o rozvoji hospodářské a obchodní spolupráce mezi provincií Zhejiang
a Českou republikou v rámci iniciativy „Pás a stezka" (2020)

Pokračování na další straně

11. březen	• Byly uzavřeny všechny základní a střední školy (s výjimkou mateřských), vysoké školy a univerzity a vysoké školy v České republice • Veškeré kulturní a sportovní společenské aktivity zahrnující více než 100 lidí byly zakázány, včetně hromadné akce, jako je literatura a umění, sport, náboženství, oslavy, veletrhy atd. Tento zákaz se nevztahoval na pohřby a schůze zákonů, veřejnou správu a soudní řízení • Všechny hrady, zámky, muzea, knihovny a umělecké galerie byly zavřeny
12. březen	• Vláda ČR téhož dne vyhlásila od 14:00 30-denní výjimečný stav, který platil od 12. března do 11. dubna
13. březen	• Čtrnáctidenní povinná karanténa pro navrátilce ze zahraničí platila pro 15 vybraných zemí s rizikem epidemie, včetně Číny, Jižní Koreje, Íránu, Itálie, Španělska, Rakouska, Německa, Švýcarska, Švédska, Nizozemska, Belgie, Británie, Norska, Dánska a Francie • Veškeré shromažďování více než 30 lidí bylo zakázáno • Veřejnost měla zakázán vstup na sportovní hřiště, do fitness center, bazénů, společenských klubů atd
14. březen	• Všechna víza byla zastavena • Implementace zákazu přepravy cestujících více než 9 osob v České republice se vztahovala na veškerou přeshraniční železniční a autobusovou dopravu • Byly uzavřeny všechny restaurace, bary, kasina, stánkové trhy, nákupní centra, kosmetické salony, holičství a další poskytovatelé služeb kromě obchodů s potravinami, lékáren, čerpacích stanic, obchodů s potřemi pro zvířata a některých dalších obchodů
15. březen	• Vláda České republiky vydala zákaz volného pohybu osob, který vstoupil v platnost od 16.00 do 24. března od 00:00 hodin. V České republice byl zakázán volný pohyb osob, kromě každodenního dojíždění do práce a potřeby nákupu denních nezbytností. Všem cizincům byl zakázán vstup do České republiky, zatímco všem Čechům byl zakázán odjezd ze země. Tento zákaz se nevztahoval na řidiče nákladních vozidel, zaměstnance vlaků, pracovníky letadel a pracovníky ze sousedních zemí žijících do 100 km od českých hranic s Rakouskem a Německem (podléhá schválení)
18. březen	• Zákaz vycházení
19. březen	• Bylo zavedeno povinné nošení roušky nebo jiných ochranných dýchacích prostředků na veřejných místech a porušiteli by hrozila pokuta až do výše 10 000 Kč
28 březen	• Byl spuštěn chytrá karanténní systém COVID-19, který byl postupně testován na jižní Moravě, severní Moravě a v Praze, a popularizován a celostátně implementován 13. dubna

Pokračování na další straně

30. březen	• Zákaz volného pohybu osob byl prodloužen do 11. dubna • Omezení týkající se hotelů a ubytoven byla uvolněna a bylo jim umožněno přijímat zákazníky ubytování pro pracovní nebo obchodní potřeby
2. duben	• Čtrnáctidenní povinná karanténa byla uvalena na všechny osoby vracející se do České republiky, s výjimkou přeshraničních pracovníků, zdravotnických pracovníků, pracovníků sociální záchranné služby, diplomatů a pracovníků transportu krve
3. duben	• Hraniční kontrola mezi Českou republikou a Německem/Rakouskem byla prodloužena do 24. dubna
9. duben	• Výjimečný stav byl prodloužen do 30. dubna
14. duben	• Omezení ohledně vstupu a výstupu ze země byla zmírněna a lidem bylo umožněno opustit Českou republiku za „nezbytnými účely", jako jsou služební cesty, lékařské ošetření nebo návštěva příbuzných, ale po návratu domů musí dodržovat 14-denní karanténu doma
14. duben	• Vláda ČR oznámila deregulační plán, který postupně uvolní nebo zruší některá preventivní a kontrolní opatření proti epidemii v pěti fázích od 20. dubna do 8. června a podle epidemiologické situace může kdykoli provést úpravy. V první fázi, počínaje 20. dubnem, by se otevřely farmářské trhy, řemeslné obchody, prodejny automobilů, venkovní tréninková hřiště pro profesionální sportovce (není povoleno publikum) a mohly by se konat také malé svatby s méně než 10 lidmi; Ve druhé fázi, počínaje 27. dubnem, bylo povoleno provozovat obchody do 200 metrů čtverečních, ale obchody ve velkých nákupních centrech (více než 5 000 metrů čtverečních) nesměly nadále fungovat; Ve třetí etapě, počínaje 11. květnem, budou otevřeny obchody do 1 000 metrů čtverečních, autoškoly a fitness centra v tělocvičnách (kromě šaten a koupelen); Ve čtvrté fázi, počínaje 25. květnem, bylo povoleno provozovat venkovní prostory kaváren, barů a restaurací, stejně jako holičství, kosmetické salony, masérské salony, muzea a umělecké galerie; V páté fázi, počínaje 8. červnem, by mohly být obnoveny kavárny, bary, restaurace, hotely, taxíky, velká nákupní centra přes 5 000 metrů čtverečních, divadla, hrady a další místa nebo služby a mohly být obnoveny kulturní, sportovní nebo komerční aktivity s méně než 50 lidmi
20. duben	• Česká vláda rozhodla, že správní útvary (jako jsou státní, městské nebo krajské úřady) mohou být plně funkční od 20. dubna
23. duben	• Vláda ČR urychlila deregulační plán na 14 dní, upravený z „pěti etap" na „čtyři etapy", to znamená, že deregulační plán bude realizován ve čtyřech etapách od 20. dubna do 25. května • Podle plánu postupného otevírání české vlády byl stanoven harmonogram návratu studentů do škol. Například všichni studenti českých univerzit se mohli do školy vrátit 27. dubna a první stupeň české základní školy začal 25. května. Ministerstvo školství také připravilo odpovídající manuály prevence epidemie pro studenty, kteří se vracejí do školy

Pokračování na další straně

24. duben	• Byl zrušen zákaz volného pohybu osob a zahraničního cestování a čeští občané mohli opustit zemi. Pokud se však vrátili do České republiky, museli předložit negativní zprávu o testu na COVID-19 nebo zůstat v 14-denní izolaci • Hraniční kontrola mezi Českou republikou a Německem/Rakouskem byla prodloužena do 14. května • Omezený počet lidí ve skupinkách na veřejných místech se zvýšil ze 2 na 10
27. duben	• Byly otevřeny obchody do 2 500 metrů čtverečních, zatímco obchody v nákupních centrech stále nesmí být do provozu • Byly by také otevřeny venkovní oblasti, jako jsou zoologické zahrady a fitness centra
28. duben	• Výjimečný stav byl prodloužen do 17. května
1. květen	• Částečné uvolnění „Nařízení o nošení roušek"
11. květen	• Všechna nákupní centra, holičství, kosmetické salony, venkovní zahrádky restaurací, muzea, umělecké galerie, divadla, kina a koncertní sály směly obnovit provoz. Mohly se konat aktivity až pro 100 lidí • Dvacet sedm českých velvyslanectví a konzulátů v zahraničí obnovilo vízové služby, včetně Číny—Chengdu, Číny—Pekingu, Číny—Šanghaje • Obnovený přeshraniční železniční a autobusový provoz
18. květen	• Nouzový stav oficiálně skončil
25. květen	• Vláda schválila, že lidé můžou chodit ven bez roušky, s odkazem na ukončení povinného požadavku na nošení roušky na venkovních veřejných místech • Byly znovu otevřeny restaurace, kavárny, bary, hrady a bazény. Byly povoleny aktivity až pro 300 osob

(**Zdroj:** Průběžně byl sledován a porovnáván podle informací zveřejněných českými vládními úřady.)

2. Druhá fáze: Období vypuknutí epidemie (22. Března—9. dubna)

Ve druhé fázi se počet potvrzených případů COVID-19 v České republice rychle zvýšil a vstoupil do vrcholného období vypuknutí, což byla země s nejvíce potvrzenými případy ze 17 zemí ve střední a východní Evropě. Jak je znázorněno na obrázcích 1–5 a 1–6, průměrný počet potvrzených případů COVID-19 v České republice byl přibližně 240 denně od 22. března do 9. dubna, což je více než čtyřnásobek průměrného počtu potvrzených případů v první fázi (50 případů), nejvyšší počet (377 případů) dosáhl 27. března. Celkem bylo potvrzeno 5 591 případů COVID-19, mezi nimiž 26. března překročil 2 000, 30. března 3 000, 3. dubna 4 000, a 7. dubna 5 000, z nichž každý trvá 4 dny, mnohem rychleji než rychlost růstu v první fázi (překročení 1 000 případů s rozpětím 20 dnů). Za zdroje infekce, většina nákaz ve druhé fázi pocházela z tuzemska, zatímco většina zahraničních infekcí pocházela z Rakouska, následovaného Itálií. Podle regionálního rozšíření byla stále nejzávažněji infikovanou oblastí

Praha, následovaná středními Čechami, moravskoslezskou Olomoucí a jižní Moravou. Za zmínku stojí, že index kladných sazeb se výrazně zlepšil, přičemž denní kladná sazba klesla ze 6,4% 22. března na 3,1% 9. dubna a kumulativní kladná sazba klesla ze 6,6% 22. března na 4,7% 9. dubna Přestože dva kladné indexy sazeb stále zůstávaly na vysoké úrovni, sestupný trend ukázal, že česká epidemie se postupně potlačovala.

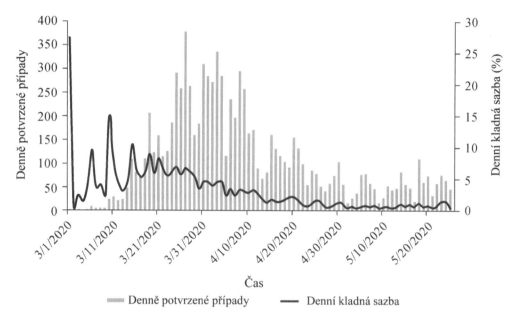

Graf 1-6   Denně potvrzené případy COVID-19 v České republice od 1. března do 25. května 2020

(**Zdroj:** Ministerstvo zdravotictví ČR)

Poznámka: Denní kladná sazba se vztahuje k podílu denních pozitivních případů (potvrzených případů) k celkovému počtu kumulativních testů.

V této fázi česká vláda pokračovala v zavádění řady kontrolních opatření v oblasti národního řízení, vstupu a výstupu, pohybu lidí, inspekce a karantény. Pokud jde o národní správu, 9. dubna schválila Poslanecká sněmovna České republiky prodloužení výjimečného stavu do 30. dubna (původně plánováno na 11. dubna). Pokud jde o vstup, výstup a pohyb osob, vláda České republiky 30. března oznámila, že omezení volného pohybu osob budou prodloužena do 11. dubna; Dne 3. dubna se česká vláda rozhodla prodloužit pozemní a vzdušnou hraniční kontrolu s Německem a Rakouskem do 24. dubna. Současně s tím, jak Polsko a Slovensko zavedly hraniční kontrolu nad Českou republikou, nebudou kontrolu opakovat. Vláda ČR na podporu iniciativ kontroly hranic přidělila z rozpočtové rezervy Ministerstvu vnitra 18,1 mil. Kč. Pokud jde o inspekci a karanténu, zahájila vláda 28. března chytrý karanténní systém, který se nejdřív testoval na jižní Moravě a postupně jej rozšířily do celé země. Systém, který byl vyvinut českou vládou a armádou, může pomocí náhodných testů vyšetřovat způsoby a cesty infekce COVID-19 a rychle sledovat a identifikovat blízké kontakty potvrzených pacientů. 2. dubna bylo zavedeno 14-denní pravidlo povinné karantény pro všechny lidi vracející se do České republiky, které dříve platilo pouze pro lidi vracející se z vysoce rizikových oblastí. Podle průzkumu české autoritativní průzkumové agentury STEM koncem března většina Čechů velmi ocenila preventivní a kontrolní opatření přijatá českou vládou v reakci na epidemii COVID-19.

3. Třetí fáze: Období vypuknutí epidemie (10. Dubna—25. května)

Ve třetí fázi se situace prevence a kontroly epidemie v České republice zlepšila a šíření viru bylo do jisté míry omezeno. Mezi 17 zeměmi ve Střední a Východní Evropě byl kumulativní počet potvrzených případů COVID-19 v České republice překonán Polskem 10. dubna a poté postupně překonán Rumunskem a Srbskem, přičemž Česká republika klesla zpět na čtvrté místo zemí s původně nejvíce potvrzenými případy. Jak je znázorněno na obrázcích 1–5 a 1–6, od 10. dubna do 25. května byl průměrný počet potvrzených případů COVID-19 v České republice přibližně 75 denně, což je méně než jedna třetina průměrného počtu potvrzených případů každý den ve druhé fázi. Celkem bylo potvrzeno 9 025 případů COVID-19, z toho 12. dubna překročilo 6 000 případů, 21. dubna 7 000 případů, 7. května 8 000 případů a 25. května 9 000 případů a časové rozpětí přesahující 1 000 případů bylo nepřetržitě prodloužena. Současně se dále zlepšoval index kladné sazby a průměrná denní kladná sazba byla na relativně nízké úrovni 1,2%, což je méně než 6,7% v první fázi a 4,8% ve druhé fázi. Kumulativní kladná sazba kontinuálně klesala ze 4,7% 10. dubna na 2,2% 25. května. Všechny výše uvedené ukazatele ukázaly, že se rychlost šíření české epidemie zpomalila a předchozí preventivní a kontrolní opatření dosahovala postupných výsledků.

Jak se epidemie zlepšovala, česká vláda postupně zahájila deregulaci, zrušila omezující preventivní opatření proti epidemii a řádně podpořila obnovení práce a výroby. Pokud jde o řízení státu , 28. dubna schválila Poslanecká sněmovna České republiky prodloužení národního výjimečného stavu do 17. května (původně plánováno na 30. dubna), tj. česká nouzový stav byl oficiálně ukončen 18. května. Co se týče vstupu a výstupu a pohybu osob začala Česká republika realizovat omezený uvolňující program při vstupu a výstupu 14. dubna a zrušila zákaz volného pohybu osob a zahraničního cestování 24. dubna. Od 11. května některá česká velvyslanectví a konzuláty v zahraničí obnovily zpracování víz. Pokud jde o ochranné masky, česká vláda se rozhodla od 1. května vhodně uvolnit „nařízení o nošení roušky" a 25. května dále schválila, že lidé mohou chodit ven bez roušky, tedy s ukončením povinného požadavku nošení roušky na venkovních veřejných místech. Pokud jde o obchodní prostory a skupinové aktivity, vláda ČR vyhlásila deregulační plán, který postupně uvolnil nebo zrušil některá preventivní a kontrolní opatření proti epidemii v pěti fázích od 20. dubna do 8. června a později zrychlil tempo deregulace, z „pěti etap" na „čtyři etapy", tj. plán deregulace byl realizován ve čtyřech etapách od 20. dubna do 25. května. Kromě toho česká vláda přijala za účelem zmírnění dopadu zvláštních opatření na české podniky a rodiny během epidemie některá kompenzační opatření, včetně povolení odložení daňových přiznání a osvobození poplatků za opožděné platby, povolení odložených splátek, umožnění jednotlivým domácnostem podnikatelů neplatit zálohy na sociální pojištění od března do srpna, snižování některých dluhů nemocnic, pozastavení elektronické registrace prodeje (EET), poskytování dotací pro osoby samostatně výdělečně činné, ošetřovatelský personál nebo dočasné zaměstnance, vyplácení mezd a poskytování bezúročné půjčky, úvěrové záruky, fiskální dotace a záruky vývozních úvěrů pro podniky, změna zákona o bankrotu a podpora kulturního průmyslu a snížení úrokových sazeb České národní banky (ČNB) speciálními fondy.

Po zavedení uvolňovacích opatření v České republice se potvrzené případy COVID-19 prudce nezvýšily, přičemž do poloviny června zůstalo v průměru 50 nových případů denně. Nebylo však vyloučeno, že místní preventivní opatření proti epidemii budou znovu aktivována, pokud se objeví regionální a seskupené infekce.

B. Společný boj proti epidemii mezi Čínou (Zhejiangem) a Českou republikou

Během období boje proti epidemii v České republice, Čína včas pomohla a sdílela své zkušenosti a iniciativu převzala také Zhejiang. Čína (Zhejiang) a Česká republika dále posílily přátelství a spolupráci v rámci společného boje proti epidemii.

Na úrovni státu, kdy Čína byla v kritickém období v boji proti epidemii, Česká republika darovala Číně materiály pro prevenci epidemií. Na začátku vypuknutí epidemie v České republice Čína plně pomáhala při řešení obtíží a aktivně podporovala dvoustrannou protiepidemickou spolupráci různými způsoby, jako je dodávka materiálů pro prevenci epidemie a sdílení informací a zkušeností. Začátkem března věnoval zvláštní vyslanec prezidenta České republiky a vedoucí prezidentské kanceláře České republiky Vratislav Mynář 5 tun materiálu pro prevenci epidemie během své návštěvy Číny. Později, s ohledem na stále vážnější epidemickou situaci v České republice a praktické potíže se závažným nedostatkem materiálů pro prevenci epidemií, se Čína rozhodla ponechat 4 tuny darovaných materiálů v České republice na podporu jejich boje proti epidemii. Zároveň Čína naléhavě spolupracovala s Ministerstvem zahraničních věcí, Ministerstvem obchodu, celními úřady, civilním letectvím, bankami a dalšími útvary a institucemi a otevřela také „Koridor pro leteckou nákladní dopravu" a „Zelený kanál pro finanční služby", aby se usnadnilo a podpořilo České republice zadávání veřejných zakázek na materiály pro prevenci epidemií v Číně a stala se první zemí, která poskytuje České republice zásoby pro prevenci epidemií. Česká vláda také na epidemii aktivně reagovala prostřednictvím globálních nákupů, ale většina materiálů pocházela z Číny. Podle údajů Čínského velvyslanectví v České republice a společnosti Eastern Airlines proběhlo od 20. března do 3. května celkem 51 zvláštních vládních charterových letů pro prevenci české epidemie, které dodaly přibližně 2 000 tun, téměř 4 miliardy Kč, včetně roušek, ochranných masek, respirátorů, ochranných oděvů a testovacích soupravy. Ukázalo se, že díky podpoře Číny se v České republice značně zmírnil nedostatek materiálů pro prevenci epidemií. Kromě toho Čína také uspořádala mnoho videokonferencí za účelem výměny informací o protiepidemii, sdílení zkušeností v oblasti prevence a kontroly a výměny diagnostických a léčebných programů. Například 13. března uspořádala Čína videokonferenci se 17 zeměmi ve Střední a Východní Evropě o prevenci a kontrole COVID-19, sdílení zkušeností v oblasti prevence a kontroly s odborníky na veřejné zdraví z jiných zemí, včetně České republiky, pro referenci v epidemické preventivní praxi.

Na úrovni provincie, s rozšířením epidemie v České republice, všechny sektory společnosti v Zhejiangu závodily s časem, aby jí pomohly, vládní agentury, nevládní organizace, podniky a Číňané žijící v zámoří aktivně darovali materiály na prevenci epidemie na pomoc České republice v boji proti epidemii. S podporou vládních agentur Oddělení jednotné fronty provinčního výboru Zhejiang a Zhejiangská federace navrácených zámořských Číňanů společně darovali 50 000 roušek, které byly bezplatně distribuovány zámořským Číňanům v České radě pro podporu mírového národního znovusjednocení Číny a Qingtianská asociace v České republice; Oddělení jednotné fronty městského výboru Ningbo a Městská federace navrácených Číňanů ze zámoří společně věnovali 12 000 masek a pověřili jejich distribucí odborový svaz ve východní a střední Evropě; Oddělení jednotné fronty okresního výboru Qingtian darovalo čínské medicíně protiepidemické granule distribuované Česko-středoevropskou obchodní a průmyslovou komorou. V rámci podpory nevládních organizací byla zřízena Česká čínská dobrovolnická liga pro protiepidemii k provádění pohotovostních služeb, jako je dodávka potravin a léků, distribuce materiálů, lékařské konzultace a překlady. Nadace věčná láska Zhejiang a komunita mládeže Wenzhou Blazing darovaly ochranné předměty, některé nemocnicím v Budějovicích v České republice a některé čínským studentům, zámořským Číňanům a některým organizacím sociálních služeb. Pokud jde o nemocniční a podnikovou podporu, provinční nemocnice čínské medicíny Zhejiang, Zhejiang Zuoli Baicao Pharmaceutical Co., Ltd., Huadong Medicine Co., Ltd. a Zhejiang Shouxiangu Pharmaceutical Co., Ltd. darovaly dávku protiepidemických a preventivních čínských léků; Ústřední nemocnice Lishui otevřela kanál „Overseas Chinese Medical Service Express Train" a zajistila odborníky, aby jim poskytovali online lékařské služby; Dahua, podnik Zhejiang v České republice, daroval infračervené detekční zařízení pečovatelským domům v Ústí. Počátkem dubna české Ministerstvo zahraničí uvedlo, že Zhejiang daroval Ústřední vojenské nemocnici v Praze 100 000 roušek, 20 000 respirátorů a 2 000 ochranných obleků. Wenzhou a okres Qingtian (město Lishui) v Zhejiangu jsou známá rodná města zámořských Číňanů, kteří žijí hlavně v Evropě. Velká část českých zámořských Číňanů pochází ze Zhejiangu, většina z Wenzhou a Qingtian okres Qingtian (město Lishui). Podle statistik Zhejiangské Federace navrácených zámořských Číňanů pochází více než 90% českých zámořských Číňanů z Wenzhou a Qingtian okres Qingtian (město Lishui), takže tentokrát Wenzhou a Qingtian velice aktivně podporovali Českou republiku během epidemie.

Společný čínsko (Zhejiang)-český boj proti epidemii sblížil čínsko-české vztahy a dodal novou energii do oboustranného přátelství. Je nepopiratelné, že v tomto období existovaly různé disharmonické faktory, od oficiálních hlasů a mediálních kanálů, zejména kritika vlády za nákup čínských materiálů na prevenci epidemie za vysoké ceny, zpochybňování kvality čínských zdravotnických materiálů, jejich hromadění čínských podnikatelů, atd. Například v procesu podpory Evropy byla várka roušek darovaných evropským zámořským Číňanum z Qingtianu, Zhejiangu, zabavena českou místní vládou a česká média uvedla, že čínští podnikatelé zisky hromadili. Pro mnoho negativních komentářů český prezident Miloš Zeman, předseda vlády Andrej Babiš a osoba odpovědná za práci v oblasti prevence epidemií přímo odpověděli nebo objasnili prohlášení a vysoce ocenili protiepidemickou účinnost Číny a poděkovali Číně za poskytnutí prevenčních material České republice v případě nouze.

C. Návrhy na podporu čínsko-české hospodářské a obchodní spolupráce v období po epidemii

Pro hospodářské oživení v období po epidemii potřebují Čína a Česká republika nadále v duchu vzájemné pomoci a prohlubování bilaterálních vztahů v praktické spolupráci. Je zcela možné, aby Zhejiang převzal toto těžké břemeno, aktivně hrál roli podniků Zhejiangu, zámořských Číňanů a roli otevřené platformy, a převzal misi „Důležitého okna" na podporu spolupráce mezi Zhejiangem a Českou republikou.

1. Podniky ze Zhejiangu v České republice—důležitý přepravní prostředek Zhejiangsko-české spolupráce

Podniky v Zhejiangu, jako jsou Wanxiang, Huajie, XZB, Dahua, Sunrise a CHINT, investovaly a působily v České republice. Většina z nich má základnu v České republice a vyzařuje do Evropy, tvoří řadu referenčních projektů a dosahuje dobrých výsledků. Během období epidemie čelily podniky Zhejiangu v České republice také potížím s realizací nebo provozem projektu Vzhledem k tomu, že se epidemická situace v České republice každým dnem zlepšovala, se tyto podniky postupně vracely do běžného pracovního života. V období „po epidemii" vstoupily klíčové investiční projekty Zhejiangu v České republice do kritického období zvyšování kapitálu a rozšiřování výroby, takže je naléhavé, aby ty podniky zavěsly podrobné sledování projektů, přesně sloužily pokroku ve výstavbě a efektivně řešily problémy včas. Současně se rozvíjející se investiční pole rovněž potýkají s obdobím velkých příležitostí se zaměřením na stav výroby a provozu českých podniků ve výhodných charakteristických průmyslových odvětvích, jako jsou automobilový průmysl a náhradní díly, nanotechnologie, biomedicína, zdravotnické vybavení a optické přístroje, posilují Zhejiang-české vědecké a technologické spolupráce.

2. Zahraniční Číňané z provincie Zhejiang—důležitá síla v Zhejiang-české spolupráci

„Budeme udržovat rozsáhlé kontakty a spojit s čínskými krajany v zámoří, a navrácenými zámořskými Číňany a jejich příbuznými, a společně se připojíme k úsilí o velké obrodě čínského národa," je hlavní strategické myšlení ustavené na 19. sjezdu KS Číny a také nevyhnutelná volba pro čínskou reformu a otevírání se světu v nové éře. Jako průkopnická oblast reforem a otevírání se lidé Zhejiangu odvážně pionýrují, riskují a bojují a vytvářejí jedinečnou komunitu zámořských Číňanů ze Zhejiangu po celém světě, což je model „vyskočení ze Zhejiangu k rozvoji Zhejiangu". Číňané a zámořští Číňané ze Zhejiangu tvoří důležitou ekonomickou sílu ve spolupráci „17 + 1" ve střední a východní Evropě a nepostradatelný aktivní činitel v Zhejiang-české spolupráci, která poskytuje nejen důležitou intelektuální podporu, ale také hraje roli jako spojovací most. První generace zámořských Číňanů ze Zhejiangu, nashromáždila v České republice bohaté zdroje čínské obchodní sítě a silné kapitálové základy. Se zvyšováním úrovně znalostí druhé a třetí generace má nová generace zámořských Číňanů v Česku silnou touhu inovovat a zahájit podnikání v hlavních oblastech a vrátit se k účasti v investicích a obchodu, což odpovídá potřebám Zhejiang-českýho rozvoje.

3. Otevřená platforma—důležitá podpora pro Zhejiang-českou spolupráci

Z pohledu otevřené platformy na národní úrovni má Zhejiang nejaktivnější otevřené platformy pro institucionální inovace v Číně, zahrnuje Zónu volného obchodu v Zhoushanu, „17 + 1" Demonstrační zónu pro ekonomickou a obchodní spolupráci v Ningbo, 10 komplexních pilotních oblastí pro přeshraniční obchod (v zásadě dosažení úplného pokrytí celé provincie kromě Zhoushan), komplexní pilotní reformu mezinárodního obchodu Yiwu a integraci delty řeky Yangtze. Z rozložení výstavy je Čína—CEEC Expo jedinou institucionální mezinárodní výstavou na národní úrovni zaměřenou na spolupráci mezi Čínou a CEEC a řadou výstavních a obchodních středisek pro dovoz komodit, jako je Yiwu China Imported Commodities Mall, Zhejiang Qingtian Imported Commodity City a Pinghu International Imported Commodity City, které vytvořily měřítko. Z pohledu otevřené platformy v České republice se česká stanice Hedvábné stezky stala zámořskou zónou hospodářské a obchodní spolupráce na úrovni provincie Zhejiang. Pod novou historickou pozicí bude strategické uspořádání výše zmíněné řady otevřených platforem hrát důležitou roli v Zhejiang-české spolupráci a bude poskytovat důležitou podporu pro další ekonomické oživení a integraci obou stran v období po epidemii.

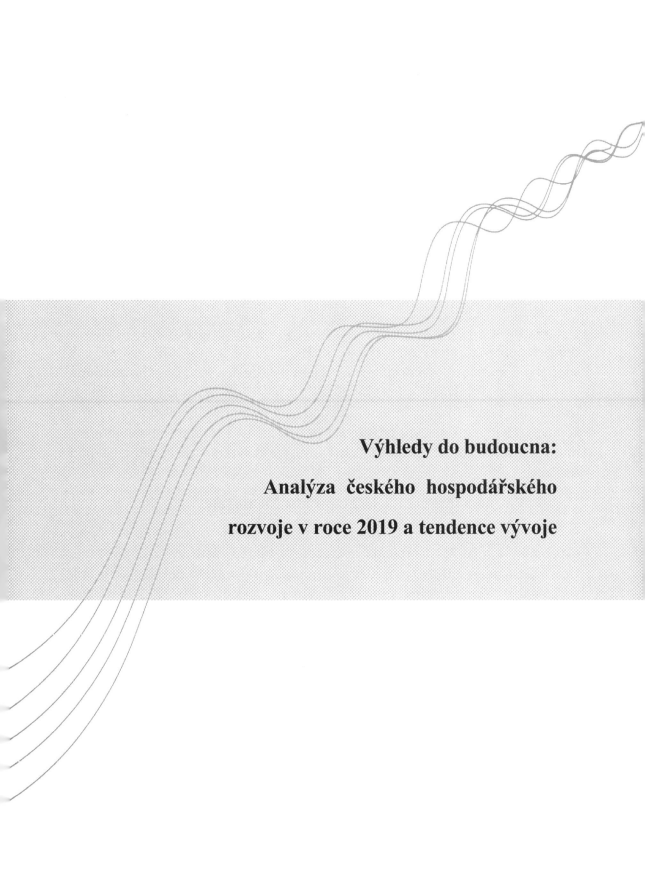

Výhledy do budoucna:

Analýza českého hospodářského

rozvoje v roce 2019 a tendence vývoje

Shrnutí obsahu

◆ **Přehled českého hospodářského rozvoje v roce 2019**

Český hospodářský růst v roce 2019 byl nižší než se očekávalo, tempo růstu dosáhlo pětiletého minima. HDP dosáhl 5,75 bilionu Kč (250,661 miliard USD) a HDP na obyvatele činil 23 493,65 USD. Roční tempo růstu HDP bylo 2,3%, což bylo nejnižší za poslední pět let. K růstu českého HDP nejvíce přispěla zpracovatelská výroba, zejména odvětví jako je automobilový průmysl, stroje a zařízení, kovové výrobky.

Hlavní hybné faktory českého hospodářského růstu v roce 2019 zůstaly v domácí poptávce, která představuje 98,1% podíl na růstu HDP. Zvláště pak spotřeba domácností byla dostatečná. Objem dovozu a vývozu českého zboží má však pokles ve srovnání s rokem 2018. Víc než 70% obchodu s zbožím se uskutečnilo v rámci Evropské unie. Obchod se koncentroval na vybrané země a komodity. Stroje a dopravní prostředky jsou pro český obchod nejdůležitějšími druhy zboží. Inflace a fiskální deficit roste, makroekonomická politika je pod tlakem.

◆ **Prognóza trendu českého hospodářského rozvoje**

V důsledku epidemie COVID-19 a s ní spjatými opatřeními se česká ekonomika v roce 2020 propadá do recese a tempo růstu výrazně poklesne. Očekává se, že se HDP v roce 2020 sníží o 8,2%. V kontextu pokračujícího úsilí spojeného s ekonomickými stimuly a špatného základu roku 2020 se tempo ekonomického růstu v České republice v roce 2021 zrychlí, očekává růst o 3,5%. Bude však stále obtížné vrátit se na úroveň před epidemií a proces hospodářské obnovy bude pomalý.

Mezi příznivé faktory pro český ekonomický růst v roce 2020 patří zejména dobrý základ pro obnovu hospodářství, silná podpora investice a rozvoje, příznivé dopady hospodářských stimulů atd. Mezi nepříznivé faktory patří především slabá a nejistá vnější poptávka, propad segmentů domácího trhu, omezení mobility pracovní síly atd.

Česká hospodářský růst v roce 2019 byl 2,3% a tedy nižší, než se očekávalo, tempo růstu dosáhlo pětiletého minima. V roce 2020 se české hospodářství, které je ovlivněno epidemií COVID-19 a s ní spjatými opatřeními, nachází v recesi. Tempo růstu půjde prudce dolů a očekává se, že klesne o 8,2%. Domácí poptávka je stále důležitou hnací silou českého ekonomického růstu. Zvláště pak spotřeba domácností a rozvoj investic, který má také velký potenciál. Vnější poptávka je nízká a plná nejistoty. Stejně tak mezinárodní obchod a mezinárodní investice jsou slabé. Segmenty trhu čelí výzvě oslabení nabídky i poptávky, což je v současnosti velkou překážkou v rozvoji. Doba trvání epidemie a efektivita vládních protiopatření jsou důležité proměnné. Nárůst obchodního protekcionismu, zhoršení čínsko-amerických vztahů nebo jednání o brexitu jsou také negativními faktory, díky nimž bude oživení české ekonomiky pravděpodobně trvat dlouho.

Ⅰ. Přehled českého hospodářského rozvoje v roce 2019

A. Český hospodářský růst v roce 2019 byl nižší, než se očekávalo; tempo růstu dosáhlo pětiletého minima

V roce 2019 dosáhlo české HDP 5 748,668 mld. Kč (250,661 mld. USD; v celém textu je použit průměrný roční směnný kurz 22,934). To představuje reálný nárůst 2,3%, který je nižší než roční prognóza Ministerstva financí ČR (2,5%) a České národní banky (2,6%). Oproti roku 2018 jde o pokles o 0,9 procentního bodu, což činí nejnižší nárůst za posledních více než pět let (viz Graf 2-1). V roce 2019 čítala populace České republiky 10 669 300 obyvatel a roční HDP na obyvatele dosáhlo 23 493,65 USD. To je 2,3 krát více než je HDP na obyvatele Číny a 1,5 krát více než je HDP na obyvatele provincie Zhejiang.

Následuje shrnutí dat z jednotlivých kvartálů. V prvním kvartále roku 2019 české HDP meziročně vzrostlo o 2,5%, což je nejnižší tempo růstu za posledních deset kvartálů. Ve druhém kvartále reálný růst HDP dále meziročně zpomalil na 2,1%. Ve třetím kvartále HDP díky spotřebě domácností a investicím vzrostlo a jeho reálný meziroční růst činil 3,0%. Ve čtvrtém kvartále bylo HDP velmi slabé a meziroční reálný růst opět klesl na 1,7%. To byl nejnižší kvartální růst za posledních pět let. Česká republika je otevřenou ekonomikou a její vývoj úzce souvisí s hospodářským růstem Německa. Podle Spolkového statistického úřadu ekonomika největšího českého obchodního partnera od druhého čtvrtletí roku 2019 stagnuje a německý roční růst dosáhl pouze 0,6%, což je nejnižší tempo růstu od roku 2013.

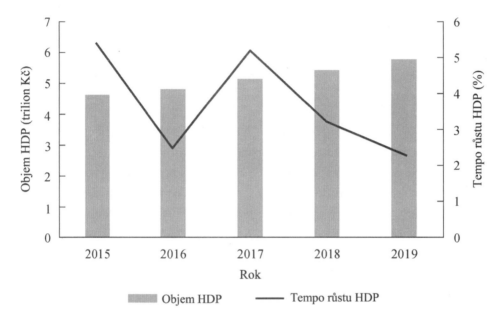

Graf 2-1   Objem a tempo růstu českého HDP mezi léty 2015 a 2019

(**Zdroj**: Český statistický úřad)

Poznámka: Objem HDP je uveden dle letošních údajů o cenách, tempo růstu je uvedeno dle neměnných údajů o cenách za rok 2015.

Následuje shrnutí vývoje v jednotlivých odvětvích průmyslu. Průmysl, zejména pak zpracovatelský průmysl, má největší podíl na českém HDP. Jak je znázorněno v grafu 2-2, v roce 2019 česká průmyslová produkce dosáhla 1 515,591 mld. Kč (66,085 mld. USD), což představuje 26,4% podíl na HDP. Z toho produkce zpracovatelského průmyslu tvořila 1 286,547 mld. Kč (56,098 mld. USD), což představuje 22,4% podíl na HDP. Největší podíl na průmyslové produkci měla zejména výroba automobilů, strojů a zařízení, a kovových výrobků. Poté následují velkoobchod a maloobchod, doprava, ubytování a pohostinství, pak veřejná správa, školství, zdravotnictví a sociální práce. Tyto dvě velké skupiny měly podíl na HDP 16,8 a 13,9%. Ve srovnání s rokem 2018 v následujících pěti odvětvích podíl na HDP v roce 2019 vzrostl. Mezi ně patří stavebnictví, informace a komunikace, nemovitosti, profesionální věda a technologie a manažerské služby, veřejná správa, vzdělání a zdravotnictví, sociální práce.

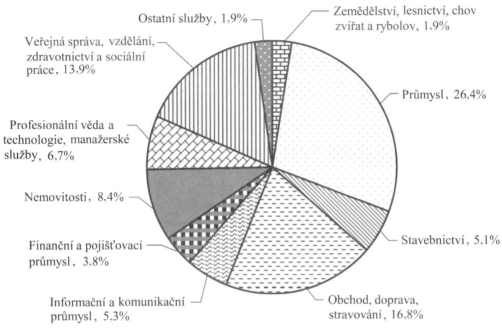

Graf 2-2   Distribuce českého HDP v průmyslu v roce 2019

(**Zdroj:** Český statistický úřad)

Poznámka: Průmysl zahrnuje těžbu, zpracovatelský průmysl a výrobu a dodávky elektřiny, tepla, plynu a vody.

B. Domácí poptávka významně přispěla k hospodářskému růstu; hnací síla spotřeby domácností byla dostatečná

Domácí poptávka je v Česku důležitou hnací silou hospodářského růstu. Jak je uvedeno v tabulce 2-1, Česká domácí poptávka v roce 2019 činila 5 402,284 mld. Kč (235,558 mld. USD). To znamená reálný nárůst o 2,5% a 98,1% podíl na růstu HDP.

Co se spotřeby týče, spotřeba domácností zůstala vysoká a růst vládních výdajů se zpomalil. V roce 2019 dosáhla celková česká spotřeba 3 854,812 mld. Kč (168,083 mld. USD), což představuje reálný nárůst o 2,8% a 67,1% podíl na celkovém HDP. Co se jednotlivých položek spotřeby týče, výdaje domácností dosáhly 2 670,341 mld. Kč (116,436 mld. USD), což činí 69,3% z celkové spotřeby a představuje reálný nárůst o 2,9%. Vládní výdaje dosáhly 1 134,657 mld. Kč (49,475 mld. USD), to představuje reálný nárůst o 2,3%, a pokles o 1,5 procentního bodu oproti roku 2018. Míra podílu celkové spotřeby na růstu HDP pak za celý rok dosáhla 80,0%, a to je nárůst o 6,3 procentního bodu oproti roku 2018 a nejvyšší míra podílu za poslední tři roky. Celková spotřeba vedla k růstu HDP o 1,9%, z toho výdaje domácností přispěly podílem 58,7%, což je nárůst o 10,6 procentního bodů oproti roku 2018. Výdaje domácností vedly k růstu HDP o 1,4%. Podle dat Českého statistického úřadu v roce

2019 dosáhl měsíční průměr indexu důvěry spotřebitelů 110,1 bodů. To je méně než 116,9 bodů v roce 2018, ale přesto se jedná o vcelku vysokou úroveň.

Tabulka 2-1   Podíl české domácí poptávky na růstu HDP v roce 2019

Položka poptávky	Částka (100 mil. Kč)	Růst (%)	Podíl (%)
Celková domácí poptávka	54 022,84	2,5	98,1
●Celková spotřeba	38 548,12	2,8	80,0
▲Spotřeba domácností	26 703,41	2,9	58,7
▲Výdaje vlády	11 346,57	2,3	18,2
●Tvorba kapitálu	15 474,72	1,5	17,8
▲Tvorba fixního kapitálu	15 069,14	2,2	24,7

(**Zdroj:** Český statistický úřad)

Poznámka: Míra podílu se počítá jako poměr stálých přírůstků cenové poptávky k přírůstkům HDP v roce 2015.

Pokud jde o investice, tempo růstu investiční poptávky se výrazně zpomalilo a podíl investic k ekonomickému růstu výrazně poklesl. V roce 2019 činila celková tvorba kapitálu v České republice 1 547,472 mld. Kč (67,475 mld. USD), což je reálný nárůst o 1,5% a pokles o 6,2 procentního bodu oproti roku 2018. Z toho tvorba fixního kapitálu tvořila 1 506,914 mld. KČ (65,707 mld. USD), což je reálný nárůst o 2,2% a pokles o 7,8 procentního bodu oproti roku 2018. Hlavní kategorie nového fixního kapitálu byly stroje a zařízení, budovy a produkty duševního vlastnictví. Tyto tři kategorie tvořily 80,2% z celkové tvorby kapitálu, což činí více než 4/5. Míra podílu celkových nových investic na růstu HDP dosáhla 17,8%, a to je nejnižší míra podílu za poslední tři roky. Míra podílu tvorby fixního kapitálu činila 24,7%, což bylo mnohem méně než 78,9% v roce 2018. Tvorba fixního kapitálu vedla k růstu HDP o 0,6%.

C. Dovoz a vývoz se začal propadat; obchod se koncentroval na vybrané země a komodity

V roce 2019 se kvůli vnějším nejistotám, jako je čínsko-americká obchodní válka a Brexit, snížil objem dovozu a vývozu českého zboží ve srovnání s rokem 2018. Dovoz i vývoz se propadly. Jak je znázorněno v grafu 2-3, celkový dovoz a vývoz zboží v České republice v roce 2019 činil 378,818 mld. dolarů, meziročně o 2,3% méně. Z toho vývoz tvořil 199,417 mld. USD, meziročně o 1,6% méně, a dovoz 179,401 mld. USD, meziroční pokles byl 3,1%. Obchodní přebytek dosáhl výše 20,016 miliard USD, a to je meziroční nárůst o 13,4% a také růst oproti roku 2018. Ohlédneme-li se za posledními pěti lety, český dovoz a vývoz zboží rostl v rychlém tempu a rychleji, než byla průměrná roční míra růstu HDP (3,3%). Mezi léty 2015 a 2019 vzrostl dovoz a vývoz českého zboží z 299,247 mld. USD na 378,818 mld. USD, což představuje průměrný meziroční nárůst o 6,1%. Vývoz v tomto období vzrostl z 157,880 miliard USD na 199,417 miliard USD, což je průměrný roční růst 6,0%. Dovoz pak vzrostl z 141,366 miliard USD na 179,401 miliard USD, což je průměrný roční růst 6,1%.

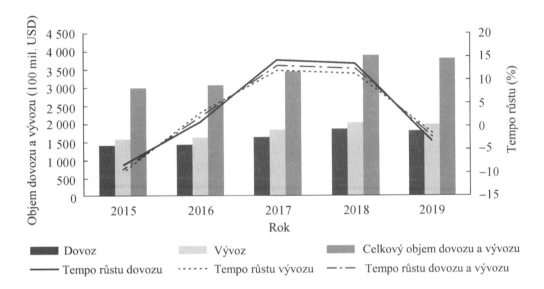

Graf 2-3   Objem a tempo růstu českého dovozu a vývozu mezi léty 2015 a 2019

(**Zdroj:** Český statistický úřad)

Co se týče obchodu s ostatními zeměmi, 70% obchodu s českým zbožím se uskutečnilo v rámci Evropské unie. V roce 2019 činil český vývoz do EU (statistiky zahrnují 28 členských zemí EU ještě vč. Spojeného království) 166,762 mld. USD, což představuje 83,6% z celkového českého vývozu. Dovoz z Evropské unie (28 členských zemí) činil 112,062 mld. USD, což představuje 62,5% z celkového objemu vývozu. Co se týče konkrétních zemí, Německo je tradičním obchodním partnerem České republiky. Objem obchodu obou stran představoval více než 1/4 celkového dovozu a vývozu českého zboží. V roce 2019 se mezi prvních pět cílových zemí českého vývozu umístilo Německo (31,8%), Slovensko (7,6%), Polsko (6,0%), Francie (5,1%) a Spojené království (4,5%). Zatímco prvních pět zemí dovážejících do ČR zahrnovalo Německo (24,7%), Čínu (15,8%), Polsko (7,5%), Slovensko (4,4%) a Itálii (4,1%). Čína je v českém vývozu na 17. místě a je českým druhým největším dovozcem. Celoroční objem českého vývozu do Číny byl 2,471 mld. USD, což znamenalo meziroční pokles o 4,4%. Objem dovozu z Číny pak činil 28,294 mld. USD, což znamenalo meziroční růst o 8,6%. Deficit

34

Zpráva o rozvoji hospodářské a obchodní spolupráce mezi provincií Zhejiang
a Českou republikou v rámci iniciativy „Pás a stezka" (2020)

obchodní bilance již třetím rokem rostl a činil 25,823 mld. USD. Ve srovnání s rokem 2018 se však tempo růstu snížilo.

Co se obchodovaných komodit týče, stroje a dopravní prostředky jsou pro český obchod nejdůležitějšími druhy zboží. Seznam top 10 komodit českého vývozu v roce 2019 uvedený v tabulce 2-2 ukazuje, že v tomto období téměř 70% zboží spadalo do těchto dvou kategorií.

Tabulka 2-2   Top 10 komodit českého vývozu v roce 2019

Číslo	Název komodity	Kategorie	Objem vývozu (100 mil. USD)	Podíl (%)
1	Pozemní vozidla (včetně vznášedel)	Stroje a dopravní prostředky	403,22	20,2
2	Elektronická zařízení, spotřebiče a jejich součásti	Stroje a dopravní prostředky	189,39	9,5
3	Telekomunikační zařízení a zařízení pro záznam a přehrávání zvuku	Stroje a dopravní prostředky	157,26	7,9
4	Kancelářské zařízení a zařízení pro automatické zpracování dat	Stroje a dopravní prostředky	153,51	7,7
5	Běžné průmyslové stroje a zařízení a jejich součásti	Stroje a dopravní prostředky	138,99	7,0
6	Ostatní výrobky	Ostatní výrobky	103,95	5,2
7	Kovové výrobky	Hotové výrobky rozdělené dle materiálu	93,32	4,7
8	Stroje pro využití ve speciálních odvětvích	Stroje a dopravní prostředky	54,94	2,8
9	Motorové stroje a příslušenství	Stroje a dopravní prostředky	47,82	2,4
10	Ocel	Hotové výrobky rozdělené dle materiálu	46,18	2,3

(**Zdroj:** Český statistický úřad)

Poznámka: Obchodní zboží je v tomto textu klasifikováno podle dvoumístného kódu SITC.

Koncentrace typů komodit ve vývozu byla vysoká. Sedm komodit patří do kategorie stroje a dopravní prostředky a pět z těchto komodit zabralo prvních pět příček v žebříčku vývozu. To představuje více než polovinu celkového exportu. První příčka v žebříčku do jisté míry odráží významné postavení automobilového průmyslu v českém národním hospodářství. Podle údajů zveřejněných českým Sdružením automobilového průmyslu, česká výroba v roce 2019 dosáhla přibližně 1 427 600 automobilů, čímž se umístila první mezi zeměmi střední a východní Evropy.

Automobilový průmysl představoval více než 20% české průmyslové výroby a vývozu. Investice do výzkumu a vývoje v tomto odvětví představovaly jednu třetinu. Top 10 komodit českého dovozu v roce 2019, jak je uvedeno v tabulce 2-3, tvořilo 60,5% celkového českého dovozu ve stejném období. Koncentrace dovážených komodit je menší než v případě vývozu, ale je stále vysoká. Šest z těchto komodit patří do kategorie stroje a dopravní prostředky, a pět z těchto komodit zabralo prvních pět příček v žebříčku dovozu. Celkově tyto komodity tvořily 41,2% celkového dovozu. 9 z 10 top vývozních a dovozních komodit spadá do podobné kategorie a 5 z nich je stejných. To ukazuje, že obchod mezi odvětvími je v ČR velmi významný, a to zejména v případě dovozu a vývozu strojů a dopravních prostředků. Co se Číny týče, v roce 2019 zde Česká republika vyvážela hlavně stroje a suroviny jako je buničina nebo dřevo. Česko pak z Číny dováželo hlavně stroje a výrobky náročné na pracovní sílu, jako jsou oděvy a kovové výrobky.

Tabulka 2-3   Top 10 komodit českého dovozu v roce 2019

Číslo	Název komodity	Kategorie	Objem vývozu (100 mil. USD)	Podíl (%)
1	Elektronická zařízení, spotřebiče a jejich součásti	Stroje a dopravní prostředky	189,27	10,4
2	Pozemní vozidla (včetně vznášedel)	Stroje a dopravní prostředky	181,31	10,1
3	Telekomunikační zařízení a zařízení pro záznam a přehrávání zvuku	Stroje a dopravní prostředky	157,98	8,8
4	Kancelářské zařízení a zařízení pro automatické zpracování dat	Stroje a dopravní prostředky	119,40	6,7
5	Běžné průmyslové stroje a zařízení a jejich součásti	Stroje a dopravní prostředky	93,86	5,2
6	Ostatní výrobky	Ostatní výrobky	80,95	4,5
7	Kovové výrobky	Hotové výrobky rozdělené dle materiálu	71,08	4,0
8	Ocel	Hotové výrobky rozdělené dle materiálu	70,85	3,9
9	Ropa, ropné produkty a související materiály	Fosilní paliva, maziva a související suroviny	62,90	3,5
10	Motorové stroje a příslušenství	Stroje a dopravní	60,75	3,4

(Zdroj: Český statistický úřad)

D. Inflace a fiskální deficit roste, makroekonomická politika je pod tlakem

Jak ukazuje na grafu 2-4, míra české inflace v roce 2019 činila 2,8%, což je nárůst o 0,7 procentního bodu oproti roku 2018. Jednalo se o nejvyšší míru inflace v České republice za posledních 11 let, nižší byla pouze v roce 2012 (3,3%). Důvodem je, že ceny bydlení, stravování, zdravotní péče, vzdělávání, stravování a ubytování v České republice v roce 2019 vzrostly. Jelikož míra inflace v roce 2017 překročila hodnotu cílové inflace 2.0%, Česká národní banka neustále zvyšovala úrokové sazby, aby míru inflace omezila. V květnu 2019 Česká národní banka zvýšila dvoutýdenní reposazbu, lombardní sazbu a diskontní sazbu na 2.0, 3.0 a 1.0%. Také předpověděla postupné zpomalení ekonomiky, přičemž výše uvedené úrokové sazby zachovala beze změny až do konce roku 2019.

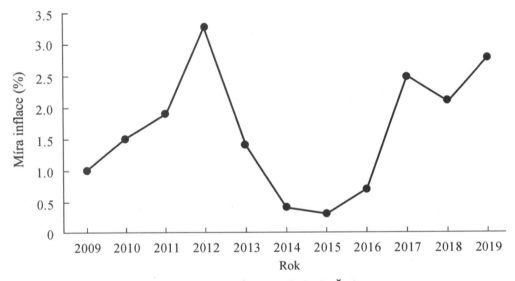

Graf 2-4   Míra inflace a její vývoj v Česku

(**Zdroj:** Český statistický úřad)

V roce 2019 činil fiskální deficit České republiky 28,515 mld. Kč (1,24 mld. USD) a jeho fiskální situace byla nejhorší za poslední čtyři roky. Fiskální výnosy činily 1 523,2 mld. Kč (66,42 mld. USD) a fiskální výdaje dosáhly 1 551,7 mld. Kč (67,66 mld. USD). V českém rozpočtovém plánu na rok 2020 je roční schodek 40 mld. Kč, z toho rozpočtové příjmy jsou plánovány na 1 578,3 mld. Kč a rozpočtové výdaje na 1 618,3 mld. Kč. Rozpočet je prioritně určen na zvyšování důchodů, platů učitelů a rodinných dávek. Stojí za zmínku, že Česká republika je jednou z nejméně zadlužených zemí v Evropě a vládní dluh posledních sedm let klesal. V roce 2019 činil český vládní dluh 1 640,185 mld. korun (71,518 mld. USD), což představovalo 28,5% HDP, to je o 1,5 procentního bodu méně než v roce 2018.

II. Prognóza trendu českého hospodářského rozvoje

A. Celkový trend

V důsledku epidemie COVID-19 a s ní spjatými opatřeními se česká ekonomika v roce 2020 propadá do recese a tempo růstu výrazně poklesne (viz Tabulka 2-4). Nejnovější údaje České národní banky ze srpna 2020 ukazují, že se česká ekonomika v roce 2020 sníží o 8,2%, což je o 0,2 procentního bodu méně než v květnové prognóze. Česká ekonomika čelí nejhorší recesi od vzniku samostatné ČR v roce 1993. HDP v roce 2021 poroste o 3,5%, což je o 0,5 procentního bodu méně než hodnota předchozí prognózy. Různé organizace dříve předpovídaly hospodářský růst České republiky v roce 2020 v různé míře. Evropská komise v letní ekonomické prognóze zveřejněné v červenci předpověděla, že česká ekonomika v roce 2020 poklesne o 7,8%. Prognóza World Economic Outlook vydaná v červnu mezinárodním měnovým fondem (MMF) předpovídá pokles o 6,5%. České Ministerstvo financí v dubnu předpovědělo pokles o 5,6% a společnost Deloitte v březnu předpověděla pokles o zhruba 10.0%.

Tabulka 2-4   Změny v nejnovější prognózách tempa růstu českého HDP (2018 až 2021)

Rok	2018	2019	2020	2021	2020	2021
			Nejnovější prognózy		Dřívější prognózy	
Tempo růstu HDP (%)	3,2	2,3	−8,2	3,5	−8,0	4,0

(**Zdroj:** Český statistický úřad a Česká národní banka)

Poznámka: Data za roky 2018 a 2019 pocházejí od Českého statistického úřadu, data za roky 2020 a 2021 jsou data z prognózy České národní banky. Data nejnovějšími prognózy pocházejí ze srpna roku 2020 a data předchozí prognózy pocházejí z května 2020.

V prvním čtvrtletí roku 2020 se české HDP meziročně snížilo o 1,7% a mezikvartálně o 3,3%, což je největší pokles od druhého čtvrtletí roku 2013. Druhé čtvrtletí zaznamenalo pokles HDP meziročně o 10,7% a meziměsíčně o 8,4%, což je největší pokles od roku 1993. S postupným uvolňováním koronavirových opatření v květnu se očekává oživení ekonomiky ve třetím čtvrtletí, ale oživení bude pokračovat po delší dobu. Jak ukazuje na grafu 2-5, index české ekonomické důvěry v prvních čtyřech měsících roku 2020 nepřetržitě klesal. Od dubna začal stoupat a z původních dubnových 20 bodů, se vyšplhal na 86,7 bodů v červenci. Stále je však hluboko pod dlouhodobým průměrem. Co se jednotlivých indexů týče, index spotřebitelské důvěry v červenci dosáhl 96,0 bodů, což je nárůst o 2,7 bodů oproti červnu, ale stále o 8,8 bodů méně než v lednu. Index důvěry v průmyslu rostl nejvíce v červenci s prudkým nárůstem o 19,8 na 89,8 bodů, ale stále byl nižší než v lednu. Index důvěry ve stavebnictví nepřetržitě klesal z lednových 123,9 na 102,4 bodů v červnu. V červenci mírně vzrostl na 103,0. Index důvěry v obchodě byl jediným, který v červenci klesal, snížil se o 2,6 bodu na 89,5 bodu. Spolu s účinnými koronavirovými opatřeními a řadou podpůrných stimulů se hospodářský pokles ve třetím čtvrtletí zpomalil. I přesto bude hospodářské oživení v roce 2020 slabé. V kontextu pokračujícího úsilí spojeného s ekonomickými stimuly a špatného základu roku 2020 se tempo ekonomického růstu v České republice v roce 2021 zrychlí. Bude však stále obtížné vrátit se na úroveň před epidemií a proces hospodářské obnovy bude pomalý.

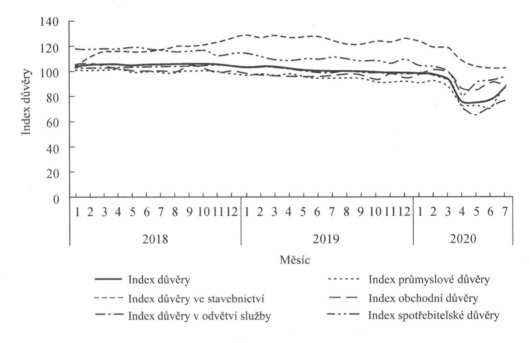

Graf 2-5   Změny indexu a dílčích indexů české ekonomické důvěry

(**Zdroj:** Český statistický úřad)

B. Příznivé faktory

1. Dobrý základ pro obnovu hospodářství

Česká republika byla jednou z prvních zemí Evropské unie, která zavedla preventivní a kontrolní koronavirová opatření, a byla také první zemí ve střední a východní Evropě, která vyhlásila deregulaci. Díky včasnému zavedení koronavirových opatření se České republice podařilo rychleji znovu otevřít trh, což pomohlo rychlejšímu zotavení ekonomiky. Nejnovější Globální index výroby 2020, který vydala společnost Cushman & Wakefield, zhodnotil provozní podmínky, výrobní náklady a rizika u 48 hlavních světových výrobních destinací. Výsledky ukazují, že vzhledem ke své strategické poloze, nízkým geopolitickým rizikům a výhodám v oblasti provozních nákladů, je Česká republika na 4. místě ve světě (první tři místa obsadila Čína, USA a Indie) a na 1. místě v Evropě a má také nejlepší podmínky pro rozvoj výroby mezi Evropskými zeměmi. Zpráva rovněž předpověděla a zhodnotila možnosti obnovy výrobních průmyslových odvětví v různých zemích v kontextu epidemie COVID-19. Výsledky ukazují, že Čína a dalších pět zemí Asijsko-tichomořského regionu se umístilo v první skupině států, které s největší pravděpodobností znovu zahájí výrobu, Česká republika se umístila ve skupině druhé. Zpráva o globální konkurenceschopnosti v roce 2020 vydaná IMD Business School ve Švýcarsku hodnotila ekonomickou výkonnost, efektivitu vlády, efektivitu podnikání, infrastrukturu a další čtyři ukazatele u 63 zemí a regionů po celém světě. Výsledky ukazují, že Česká republika celkově zaujímá 33. místo a je nejkonkurenceschopnější zemí ve střední a východní Evropě. Dle zprávy však nemá dostatečně silnou infrastrukturu, trh práce a digitalizaci. Za účelem upevnění základů svých silných stránek a vyrovnání nedostatků česká vláda aktivně plánuje střednědobou a dlouhodobou strategii hospodářského rozvoje. V lednu 2020 schválila dokument o klíčových bodech národní ekonomické strategie do roku 2030 se zaměřením na průmysl, stavebnictví a suroviny, dopravu, energetiku, vzdělávání a trh práce, podnikání a obchod, výzkum a vývoj, inovace a digitalizaci, regiony, venkovské oblasti a zemědělství, zdravotní péči a dalších osm klíčových oblastí. Hlavním cílem je, aby se Česká republika stala do roku 2030 jednou z 20 nejkonkurenceschopnějších ekonomik světa.

2. Silná podpora investic a rozvoje

Od vydání plánu „Digitální Česko v. 2.0: Cesta k digitální ekonomice" v roce 2018 a „Země pro budoucnost: Inovační strategie České republiky (2019–2030)" v roce 2019 se vláda České republiky zaměřila na plánování příslušných projektových plánů a fondů s cílem zajistit silnou podporu pro nepřetržitý růst investic. Novela zákona o investičních pobídkách účinná od 6. září 2019 se bude více zaměřovat na špičkové technologie a projekty s vysokou přidanou hodnotou. V červnu 2020 schválila vláda České republiky projekt „Implementace státní politiky Digitální Česko na období 2020–2021", který počítá s výdaji 2,47 mld. Kč (přibližně 100 mil. USD). Jeho primárním cílem je dosažení digitalizace veřejné správy. Vláda ČR také v současnosti formuluje národní investiční plán na příštích 30 let. Ten zahrnuje více než 20 000 projektů a počítá s výdaji 8 bilionů Kč (přibližně 344,3 mld. USD), z čehož 75% tvoří projekty v dopravní infrastruktuře. Vláda ČR současně připravuje zřízení národního rozvojového fondu, který by poskytoval financování investičních projektů podporujících sociální a ekonomický rozvoj České republiky. Čtyři hlavní české komerční banky investují do fondu v počáteční fázi 7 miliard Kč. Počáteční projekty jsou z oblasti infrastruktury, vzdělávání a zabezpečení zdravotní péče. Jsou obsaženy i investičních projekty modelu PPP. Kromě toho český prezident Miloš Zeman v průběhu boje proti epidemii v České republice uvedl, že v zájmu řešení ekonomické krize by se země měla zaměřit na investice, z nichž nejúčinnější jsou investice do dopravy a bytové výstavby. Po účasti na summitu EU český premiér Andrej Babiš uvedl, že Česká

40

Zpráva o rozvoji hospodářské a obchodní spolupráce mezi provincií Zhejiang
a Českou republikou v rámci iniciativy „Pás a stezka" (2020)

republika obdrží dotace z fondu pro hospodářskou obnovu EU ve výši 8,7 miliardy eur. K tomu se také přidá 27 miliard eur z víceletého finančního rámce EU na období 2021–2027. To znamená, že Česká republika v příštích sedmi letech celkově z fondů EU obdrží 35,7 miliard eur. Česká republika se plánuje pomocí fondů EU zaměřit na podporu investic v automobilovém průmyslu, zdravotnictví a digitalizaci, které mají pomoci české ekonomice se zotavit a dále se rozvíjet.

3. Příznivé dopady hospodářských stimulů

V reakci na dopad epidemie COVID-19 Česká republika rychle přijala proaktivní ekonomickou politiku a expanzivní měnovou politiku, aby podpořila české hospodářství. Pokud jde o fiskální politiku, roční schodek fiskálního rozpočtu byl v roce 2020 revidován třikrát. V březnu byl ze 40 miliard Kč ze začátku roku zvýšen na 200 miliard Kč, v dubnu na 300 miliard Kč a v červnu byl znovu zvýšen na 500 miliard Kč. To je historický rekord, protože do té doby byl maximální schodek rozpočtu v roce 2009, a to 192,4 miliardy Kč. Z nich rozpočtové příjmy poklesly o 213,3 miliardy Kč na 1365 miliardy Kč a rozpočtové výdaje vzrostly o 246,7 miliardy Kč na 1865 miliard Kč. Podle údajů zveřejněných českým Ministerstvem financí dosáhl k červnu 2020 český fiskální deficit 195,2 miliardy Kč. Fiskální výnosy činily k červnu 699,7 mld. Kč, což je pokles o 44,2 mld. Kč, a fiskální výdaje dosáhly 894,9 mld. Kč, což představuje nárůst o 130,4 mld. Kč. Vládní přímá opatření reagující na dopady epidemie činila 86,5 mld. Kč. Výdaje za nákup ochranných pomůcek, platby nemocnicím v rámci systému zdravotního pojištění a vyrovnávání dluhů činily dohromady 21,4 miliardy Kč a pomoc poskytovaná ve formě bankovních záruk činila 32,6 miliardy Kč. V první polovině roku 2020 činil celkový český státní dluh 2,16 bilionu Kč, což představuje meziroční nárůst o 516,7 miliardy Kč. To je způsobeno zejména emisí státních dluhopisů k vyrovnání rozpočtového deficitu. Pokud jde o měnovou politiku, poté co Česká národní banka od roku 2017 devětkrát zvýšila úrokové sazby, od vypuknutí epidemie je dvakrát snížila, a to v březnu a květnu. Dvoutýdenní reposazba byla snížena na 0,25% a vrátila se tak k nízké úrovni úrokových sazeb z roku 2012. Tento krok sníží náklady na půjčky a pomůže tak stimulovat investice a ochotu spotřebitelů, což a přispěje k hospodářskému oživení.

C. Nepříznivé faktory

1. Slabá a nejistá vnější poptávka

Světová ekonomika vykazuje pomalé a křehké oživení spolu se slabou obchodní a investiční poptávkou a vysokou nejistotou. Nejnovější prognóza IMF uvádí, že globální ekonomika se v roce 2020 propadne o 4,9%, což je nejhorší recese od velké hospodářské krize. Roční míra růstu hlavních vyspělých ekonomik prudce poklesne, v případě Spojených států o 8% a v případě Velká Británie a eurozóny u obou o 10,2%. Dále HDP Německa, které je největší obchodní trh pro Českou republiku, poklesne v roce 2020 o 7,8%. Světová obchodní organizace (WTO) v červnové aktualizované zprávě svoji o globálním rozvoji a předpovídá, že celosvětový obchod se zbožím v roce 2020 prudce poklesne o 13%. Podle předběžných statistik celosvětový obchod se zbožím meziročně poklesne v prvním a druhém čtvrtletí o 3 a 18,5%. Konference OSN o obchodu a rozvoji v červnu zveřejnila prognózu světových investic, podle které bude tok přímých přeshraničních investic (FDI) v roce 2020 nižší než 1 bilion USD, což je meziroční pokles o 40% a zároveň nejnižší úroveň od roku 2005. V roce 2021 bude dále klesat o 5 až 10%. Růst se začne obnovovat v roce 2022. V kontextu celkové recese světové ekonomiky jsou investice a spotřebitelská poptávka ve většině zemí obecně nízké a oživení českého trhu s vnější poptávkou je tak slabé a plné nejistot. To platí zejména v závislosti na době trvání epidemie a účinnosti politických opatření. Kromě toho vnější destabilizační faktory jako je eskalace obchodního protekcionismu, jednání o brexitu a čínsko-americké vztahy v krátkodobém horizontu neprojdou zásadními změnami. To nepřímo přinese další obtíže českému hospodářskému a obchodnímu oživení.

2. Propad segmentů domácího trhu

Protiepidemická opatření omezující pohyb osob uštědřila přímou ránu mezinárodní dopravě a mezinárodnímu cestovnímu ruchu, které tento negativní dopad pociťovali po celý rok. Úpadek české domácí automobilové výroby, cestovního ruchu a dalších tržních segmentů může být dlouhodobější. Vezměme si jako příklad automobilový průmysl, který je pilířem české ekonomiky. Během epidemie utrpěli tři výrobci automobilů Škoda, Hyundai a Toyota Peugeot Citroën Automobile (TPCA) pozastavení výroby, které způsobilo obrovské ekonomické ztráty. Podle údajů zveřejněných Českou asociací výrobců automobilů dosáhla v prvním pololetí roku 2020 výroba osobních automobilů 503 615 kusů, což představuje meziroční pokles o 32,6%. Výroba automobilů Škoda se snížila o 28,2%, výroba automobilů Hyundai o 40,0% a společnost Peugeot Citroen zaznamenala propad výroby o 40,3%. Dle prognóz se celková roční produkce vrátí na 60 až 90% hodnot před vypuknutím epidemie. Měsíční produkce v dubnu, který přinesl nejdelší odstávkové období, poklesla meziročně o 88,5%. Podle údajů České asociace dovozců automobilů činil v první polovině roku 2020 objem prodeje osobních automobilů v České republice 95 029 kusů, což je meziroční pokles o 26%. Přičemž největší pokles nastal v dubnu (o 76,3%). Pod vlivem epidemie se nabídka i poptávka automobilového průmyslu výrazně snížily a trh se o mnoho zmenšil. Nyní trh s automobily čelí dvojí výzvě, za prvé jde o restrukturalizaci dodavatelského řetězce na straně nabídky za druhé znovunabytí důvěry spotřebitelů na straně poptávky.

3. Mobilita pracovní síly je omezena

Omezení mobility pracovní síly způsobené koronavirovými opatřeními prohloubilo problémy jako je nedostatek pracovních sil na českém trhu práce, pokles zaměstnanosti a růst mezd. Statistiky zveřejněné Českým statistickým úřadem ukazují, že v prvním a druhém čtvrtletí roku 2020 se počet zaměstnaných osob v České republice meziročně snížil o 0,9 a 2,1%, což je první pokles od roku 2014. Průměrná měsíční mzda dosáhla v roce 2019 rekordní výše 34 111 Kč (1487 USD). V prvním čtvrtletí roku 2020 dosáhla průměrná mzda 34 077 Kč

42

Zpráva o rozvoji hospodářské a obchodní spolupráce mezi provincií Zhejiang
a Českou republikou v rámci iniciativy „Pás a stezka" (2020)

(přibližně 1459 USD), což je reálný meziroční nárůst o 1,4%. Podle údajů zveřejněných Eurostatem dosáhla míra nezaměstnanosti v České republice rekordního minima od roku 2019 a do dubna 2020 si udržela úroveň 2,0%. V květnu a v červnu mírně vzrostla na 2,4 a 2,6%, stejně je však Česko zemí s nejnižší mírou nezaměstnanosti v EU. Ani během epidemie míra nezaměstnanosti výrazně nestoupla, což bylo částečně způsobeno včasnými opatřeními přijatými vládou a také to poukazuje na nedostatek pracovních sil. V reakci na nedostatek pracovních sil využívala Česká republika velké množství zahraniční pracovní síly. Na konci roku 2019 se vláda rovněž rozhodla zdvojnásobit kvótu pro pracovníky z Ukrajiny, aby tak zmírnila tento problém nedostatku pracovních sil. Kvůli šíření epidemie však tyto kroky nebyly realizovány přiliž hladce.

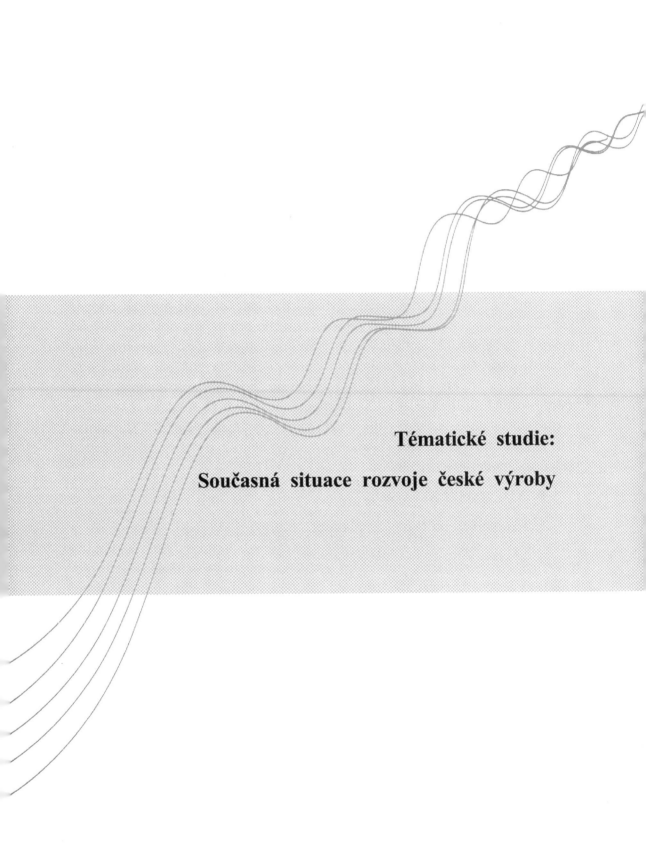

Tématické studie:

Současná situace rozvoje české výroby

Shrnutí obsahu

◆ Současná situace české výroby

Rozsah českého zpracovatelského průmyslu je na prvním místě mezi všemi průmyslovými odvětvími a jeho přidaná hodnota k HDP představuje více než 20%, což výrazně podporuje ekonomický růst. Z hlediska průmyslové struktury se český zpracovatelský průmysl zaměřuje na rozvoj technologicky vyspělých průmyslových odvětví, jako je výroba automobilů, strojírenství, elektrotechnika a elektronika atd. Mezi nimi má automobilová výroba vynikající výhody, přičemž měřítko přidané hodnoty zahrnuje více než pětinu zpracovatelského průmyslu a přírůstek přispívá téměř k jedné třetině. Z hlediska obchodní struktury je český zpracovatelský průmysl vysoce závislý na mezinárodním obchodu. Zhruba 85% jeho produkce se používá na export, který má značnou mezinárodní konkurenceschopnost, vysoce koncentrované obchodní země a obchodní komodity. Z hlediska digitálního pokroku přikládá česká vláda důležitost moderním technologiím a službám a aktivně řídí rozvoj digitální ekonomiky, díky čemuž digitální transformace podporuje modernizaci výroby.

◆ Vize vývoje české výroby

Zpracovatelský průmysl je důležitou hybnou silou české ekonomiky s jedinečnými rozvojovými výhodami, které se odrážejí především v technologických inovacích, politickém prostředí, integrovaných nákladech, atd. Současně český zpracovatelský průmysl čelí také mnoha problémům a výzvám, zejména nedostatku pracovních sil, nízké produktivitě práce, klesající ziskové marže podniků atd. Za účelem zlepšení konkurenceschopnosti ve čtvrté průmyslové revoluci Česká republika předkládá iniciativu Průmysl 4.0, která se zavázala ke zlepšení automatizace, inteligence a digitalizace výrobního průmyslu, a podporuje jeho ekonomické transformace a modernizace. V současné době slabá poptávka na mezinárodním trhu vážně brzdí českou ekonomiku a tlak je vyvíjen především na zpracovatelský průmysl. Pandemie COVID-19 se stala největší hrozbou pro oživení českého zpracovatelského průmyslu. Nejistotu dále zvýší eskalace obchodního protekcionismu, brexit, čínsko-americké vztahy a evropsko-americké obchodní vztahy. Proto bude budoucí vývoj českého zpracovatelského průmyslu do značné míry ovlivněn vnějším mezinárodním prostředím.

Česká republika s dlouhou průmyslovou historií, je tradiční průmyslovou zemí. Zpracovatelský průmysl hraje důležitou roli v české národní ekonomice a pozitivně přispívá k ekonomickému růstu, technologickému pokroku, zvyšování zaměstnanosti atd. Česká republika se jako člen Evropské unie zasazuje o politiku volného obchodu a zpracovatelský průmysl má určitou konkurenceschopnost na mezinárodním trhu, zejména v oblastech automobilové výroby, mechanických zařízení, elektrotechniky a elektroniky. V roce 2019 představoval český zpracovatelský vývoz více než 85% jeho produkce a více než 90% vývozu zboží, což byl významný zdroj přebytku obchodu. Český zpracovatelský průmysl má výhody v oblasti technologických inovací, politického prostředí a integrovaných nákladů, ale také čelí problémům, jako je nedostatek pracovních sil, nízká produktivita práce a klesající ziskové marže. V roce 2020, ovlivněného pandemií COVID-19, je česká ekonomika vážně brzděna slabou poptávkou doma i v zahraničí. Produkční výroba a obchod se výrazně zmenší, proto je třeba v tomto období věnovat pozornost různým vnějším rizikovým faktorům.

Ⅰ. Současná situace českého výrobního rozvoje

A. Zpracovatelský průmysl je na prvním místě mezi všemi průmyslovými odvětvími

Česká republika je tradiční průmyslová země, jejíž zpracovatelský průmysl zaujímá významné postavení v národním hospodářství a významně přispívá k české ekonomice. Jak ukazuje Graf 3-1, v letech 2010 až 2019 se přidaná hodnota české výroby zvýšila z 836,893 miliard Kč (43,791 miliard USD) na 1 286,547 miliard Kč (56,098 miliard USD), přičemž průměrná roční míra růstu činila 3,8% ve stálých cenách v roce 2015, což je o 1,4 procentního bodu vyšší než průměrná roční úroveň růstu HDP (2,4%) ve stejném období. Představuje více než 20% HDP, řadí se na první místo mezi všemi průmyslovými odvětvími a poskytuje silnou podporu růstu HDP. V uplynulém desetiletí se podíl zpracovatelského průmyslu v českých průmyslových odvětvích zvyšuje, přičemž podíl přidané hodnoty se postupně zvyšuje ze 78,2%

46

Zpráva o rozvoji hospodářské a obchodní spolupráce mezi provincií Zhejiang
a Českou republikou v rámci iniciativy „Pás a stezka" (2020)

v roce 2010 na 84,9% v roce 2019. V roce 2019 se přidaná hodnota české výroby ve skutečnosti zvýšila o 3,1% meziročně, což představuje 22,4% ročního HDP. Zahrnuje více než 180 tisíc podniků, z nichž většinu tvoří malé a střední podniky; zaměstnává více než 1,31 milionu zaměstnanců, což představuje 28,1% z celkové zaměstnanosti, více než jednu čtvrtinu a udržuje pozici největšího zaměstnavatele v tomto odvětví. Podle údajů Eurostat dosáhl v roce 2019 index české výrobní produkce 114,9, což je více než průměrná úroveň 28 zemí EU (106,1).

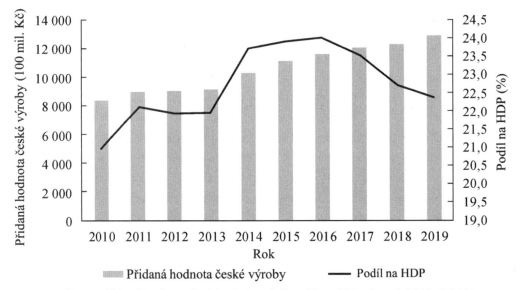

Graf 3-1   Přidaná hodnota české výroby a její podíl na HDP v letech 2010 až 2019

(Zdroj: Český statistický úřad)

B. Zaměření na rozvoj high-tech průmyslových odvětví

Z hlediska stupnice přidané hodnoty je na grafu 3-2 zobrazeno 10 nejvýznamnějších zpracovatelských odvětví v České republice v roce 2019, přičemž celková přidaná hodnota představuje 79,2% ročního HDP. Mezi nimi je výroba motorových vozidel, přívěsů a návěsů nejvýraznější kategorií ve zpracovatelském průmyslu. V roce 2019 dosáhla přidaná hodnota 271,231 miliard Kč (11,827 miliard USD), což představuje 21,1% zpracovatelského průmyslu. Následuje výroba kovových konstrukcí a kovodělných výrobků, kromě strojů a zařízení a výroba strojů a zařízení jinde nezařazených. Jejich přidaná hodnota představovala 11,7% a respektive 8,5% zpracovatelského průmyslu, což bylo daleko za první významnou výrobou motorových vozidel, přívěsů a návěsů. V posledním desetiletí se celková struktura zpracovatelského průmyslu příliš nezměnila. Celková přidaná hodnota v top 10 průmyslových odvětvích se udržovala stabilní na přibližně 78%, ale vnitřní struktura byla zjevně rozdělena s různými změnami v podílu různých průmyslových odvětví. Mezi nimi nejrychleji vzrostl podíl výroby motorových vozidel, přívěsů a návěsů, a to ze 17,9% v roce 2010 na 21,1% v roce 2019, což představuje nárůst o 3,2 procentního bodu, následovaná výrobou kovodělných výrobků, chemikáliemi a chemickými výrobky, které vzrostly o 1,3 a 0,9 procentního bodu. Nejrychleji poklesl podíl výroby potravinářských výrobků, a to ze 6,4% v roce 2010 na 5,3% v roce 2019, což je pokles o 1,1 procentního bodu, následovaný poklesem podílu výroby strojů a zařízení o 1,1 procentního bodu.

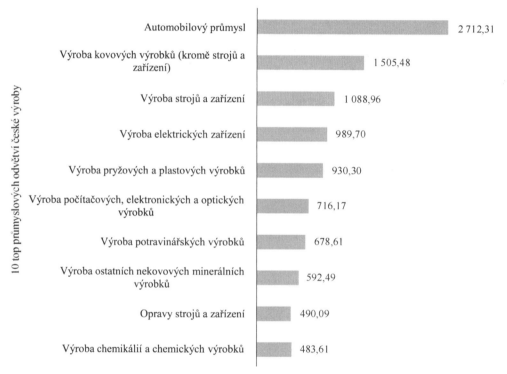

Graf 3-2   10 top průmyslových odvětví české výroby s přidanou hodnotou v roce 2019

(**Zdroj:** Český statistický úřad)

Poznámka: České zpracovatelské subsektory jsou klasifikovány podle CZ-NACE, včetně 24 sekundárních průmyslových odvětví, jako je potravinářský, nápojový, tabákový, textilní, kožedělný, dřevozpracující, chemický průmysl, lékařství, gumárenství, hutnictví, elektronika, stroje, automobil a nábytek, totéž níže.

Z pohledu přírůstkového příspěvku je v tabulce 3-1 zobrazeno 10 nejlepších průmyslových odvětví přispívajících k růstu českého zpracovatelského průmyslu v letech 2010 až 2019. Celkový přírůstkový příspěvek činil až 95,5%, z toho kategorie strojních zařízení přesáhla 60%. Příspěvek výroby motorových vozidel, přívěsů a návěsů k přírůstku přidané hodnoty výroby

48

Zpráva o rozvoji hospodářské a obchodní spolupráce mezi provincií Zhejiang
a Českou republikou v rámci iniciativy „Pás a stezka" (2020)

činil 32,2%, téměř třetinu. Dále následovala výroba kovových výrobků, kromě strojů a zařízení, výroba elektrických zařízení, výroba počítačových, elektronických a optických výrobků, s přírůstkovým příspěvkem přesahujícím 10%.

Tabulka 3-1   10 top průmyslových odvětví přispívajících k přírůstku přidané hodnoty české výroby v letech 2010 až 2019

SN	Název odvětví	Přírustkový příspěvek	SN	Název odvětví	Přírustkový příspěvek
1	Automobilový průmysl	32,2%	6	Výroba pryžových a plastových výrobků	5,9%
2	Výroba kovových konstrukcí a kovodělných výrobků (kromě strojů a zařízení)	12,5%	7	Výroba strojů a zařízení	4,7%
3	Výroba elektrických zařízení	12,5%	8	Výroba potravinářských výrobků	3,9%
4	Výroba počítačových, elektronických a optických výrobků	10,6%	9	Výroba ostatních nekovových minerálních výrobků	3,1%
5	Výroba chemikálií a chemických výrobků	7,0%	10	Ostatní výroba	3,1%

(Zdroj: Český statistický úřad)

Poznámka: Přírůstkový příspěvek se počítá podle poměru přírůstkové přidané hodnoty každého odvětví a přírůstkové přidané hodnoty zpracovatelského průmyslu ve stálých cenách v roce 2015.

Pokud jde o skutečné tempo růstu, od roku 2010 do roku 2019 měla výroba chemikálií a chemických výrobků (7,0%) nejrychlejší průměrné roční tempo růstu přidané hodnoty počítané ve stálých cenách v roce 2015, o 3,2 procentního bodu vyšší než průměrný roční míra růstu zpracovatelského průmyslu. Následovala výroba počítačových, elektronických a optických výrobků, výroba elektrických zařízení a výroba motorových vozidel, přívěsů a návěsů s průměrným meziročním nárůstem o 6,4%, 6,4% a 5,5%. Výše uvedená rychle rostoucí průmyslová odvětví patří do high-tech oborů, zatímco tempo růstu přidané hodnoty v průmyslových odvětvích náročných na práci, jako jsou textilní a oděvní průmysl, vykazuje sestupný trend. V roce 2019 poklesla přidaná hodnota ve výrobě textilií o 5,8%, výroba kůže a souvisejících výrobků o 7,9%, což do jisté míry také odráží nedostatek pracovních sil v České republice.

Z hlediska rozsahu přidané hodnoty, přírůstkového příspěvku a skutečného tempa růstu jsou dominantní průmyslová odvětví českého zpracovatelského průmyslu automobilová výroba, kovové výrobky, mechanická zařízení, elektrotechnický a elektronický, farmaceutický a chemický průmysl, zejména v oblasti špičkových technologií a vysokou přidanou hodnotou.

1. Automobilový průmysl

Automobilový průmysl je pilířovým odvětvím českého národního hospodářství. Reprezentativními výrobci automobilů v České republice jsou Škoda Auto, Toyota Peugeot Citroën Automobile a Hyundai Motor Company. Podle údajů zveřejněných Českým svazem automobilového průmyslu (AIA) dosáhla v roce 2019 produkce osobních automobilů v České republice 1 427 600, mezi nimiž se Škoda umístila na prvním místě s 907 900 vozy, což představuje meziroční nárůst o 2,5%. Hyundai a Toyota Peugeot Citroën vyrobily 309 500 a 210 000 vozidel. Podle Asociace českých dovozců automobilů (CIA) činil v roce 2019 objem prodeje automobilů v České republice 249 900, což představuje meziroční pokles o 4,4%, z čehož Škoda meziročně prodala 85 895 automobilů, nárůst o 2%. Kromě toho v České republice existují stovky dodavatelů pro výrobu automobilových dílů a polovina z 50 největších globálních podniků v oblasti automobilových dílů investovala v České republice, která vytvořila řetězec automobilového průmyslu založený na dílech, součástech a konečných produktech. Škoda Auto vede místní podniky a podniky financované ze zahraničí ke vzájemné spolupráci při výrobě, což z ní činí jednu ze zemí s nejvyšší koncentrací automobilové výroby, designu a výzkumu a vývoje na světě. Za účelem zlepšení celkové konkurenceschopnosti automobilového průmyslu zřídil CzechInvest databázi dodavatelů automobilových dílů (www.automotive. czechinvest.org). V roce 2018 Evropská unie schválila předpisy na omezení emisí oxidu uhličitého z osobních automobilů, což bylo zlomem pro celý evropský a světový automobilový průmysl, ale znamenalo to také vzestup hybridních a elektrických vozidel a důležitost vývoje systémů autonomních vozidel v budoucnosti. Transformace automobilového průmyslu je velkou zkouškou pro výrobce, dodavatelské řetězce a výstavbu infrastruktury.

2. Strojírenský průmysl

S dlouhou historií a pevným základem je strojírenský průmysl jedním z nejdůležitějších výrobních odvětví v České republice, který zahrnuje energetická zařízení, chemická zařízení, potravinářské stroje, stavební stroje, zemědělské a lesnické stroje, obráběcí stroje, těžební stroje, hutnické stroje, stroje na zpracování gumy a plastů, textilní stroje, tiskařské stroje, stroje na zpracování kůže atd. Po více než deseti letech reorganizace a zavedení zahraničního kapitálu se významně zlepšila technická úroveň a kvalita českých výrobků vyrobenými stroji. V současné době mají české obráběcí stroje, zařízení elektráren, kotle, těžební stroje,

50

Zpráva o rozvoji hospodářské a obchodní spolupráce mezi provincií Zhejiang
a Českou republikou v rámci iniciativy „Pás a stezka" (2020)

potravinářské stroje, zařízení na ochranu životního prostředí, textilní stroje, vojenské výrobky atd. silnou mezinárodní konkurenceschopnost. Mezi nimi má český průmysl obráběcích strojů více než 150 letou historii, která se díky své vynikající kvalitě a pokročilému designu umístila na 7. místě v Evropě a na 12. místě na světě. Mezi slavné české značky obráběcích strojů patří Tos Varnsdorf, Škoda, Mas, Zps, Ždas atd. Informace o českých podnicích v oblasti obráběcích strojů a tvářecích strojů najdete na webových stránkách České asociace strojních technologií (www.sst.cz).

3. Elektrotechnický a elektronický zpracovatelský průmysl

Elektrotechnický a elektronický výrobní průmysl je jedním z nejkonkurenceschopnějších výrobních odvětví v České republice s širokou škálou produktů, včetně čtyř hlavních průmyslových odvětví: silnoproudá elektrotechnika, počítače, rádio, televize a komunikační zařízení, přístroje a automatizační zařízení. Elektrická výroba tvoří více než 14% české výrobní produkce a většina průmyslové výroby se vyváží hlavně na trh EU. Společnosti Foxconn, Panasonic, Acer, Siemens a mnoho dalších mezinárodně renomovaných podniků založily továrny a zastoupení v České republice. V posledních letech se český počítačový průmysl rychle rozvíjel a téměř všechny produkty se prodávají do distribučních center nadnárodních společností v Evropě. Foxconn, Fic a Asus každý rok v České republice produkují více než 4 miliony počítačů, což z České republiky činí jednoho z největších výrobců počítačů v Evropě.

4. Farmaceutický průmysl

Farmaceutický průmysl s velkým rozvojovým potenciálem je považován za jedno z hlavních průmyslových odvětví s velkým významem a vysokými investicemi do výzkumu a vývoje na světě. Český farmaceutický průmysl se stal nezávislým průmyslovým odvětvím až na konci 19. století. Po desetiletích rychlého rozvoje se z něj stal high-tech průmysl v oblasti průmyslových odvětví s vysokou přidanou hodnotou. Vzhledem ke složitosti a vysokým nákladům na výzkum a vývoj léků jsou hlavními vývojáři velké a střední podniky a podniky financované ze zahraničí, které vyrábějí originální léky. Léky na kardiovaskulární onemocnění a adjuvantní chemoterapie vyráběné v České republice jsou na světové pokročilé úrovni a pozornost si zaslouží také biotechnologie pro léčbu rakoviny. Česká republika disponuje kompletní sítí biotechnologických výzkumných institucí, jejichž výzkumná a vývojová centra v oblasti biotechnologií, molekulární biologie a medicíny se nacházejí hlavně v Praze a Olomouci, Hradci Králové, Plzni, Budějovicích, Brně a dalších velkých městech. Mezi nimi je Brno dobře známé v oblasti výzkumu kardiovaskulárních chorob a rakoviny, které se za silné podpory místní vlády vyvinulo v centrum biotechnologických společností. Aby se vyrovnala s nepříznivými dopady pandemie COVID-19, dala česká vláda určité pokyny k směřování podnikových investic, podpořila prioritní investice do průmyslových odvětví, která jsou zásadní pro zvládnutí šíření viru, a zvýšila výzkum a vývoj a výdaje v oblasti medicíny a výzkumu léčiv.

5. Chemický průmysl

Chemický průmysl je jedním z nejmodernějších a nejrychleji rostoucích průmyslových odvětví v České republice a zaujímá v české ekonomice významné postavení. Chemický průmysl, důležitý dodavatel surovin, je úzce spjat s další výrobou, jako je výroba automobilů, plastů a gumárenský, textilní, elektronický, stavební, papírenský průmysl atd. Český chemický průmysl je vysoce rozvinutý, hlavně vyrábí polyethylen, polypropylen a styren. Je největším dodavatelem a výrobcem v Evropské unii. Chemikálie ve zpracovatelském průmyslu jsou jedním z nejdůležitějších průmyslových odvětví v České republice se silnou inovační kapacitou a velkým exportním potenciálem.

6. Letecký průmysl

Se stoletou tradicí je letecký průmysl v České republice výhodný v profesionální kontinuitě a internacionalizaci. Česká republika je jednou z mála zemí v Evropě schopných samostatně vyvíjet a vyrábět kompletní letadla a letadlové části. Český letecký průmysl se zároveň stal součástí dodavatelského řetězce velkých globálních společností, jako jsou Airbus a Boeing. České letecké podnikání se dělí hlavně na dvě části: první částí je výroba kompletních letadel, zahrnující malá letadla vhodná pro místní a regionální dopravu, trenažéry a lehké stíhačky, sportovní letadla a zemědělská letadla, ultralehká letadla a kluzáky. Česká republika, která je po Německu druhým výrobcem ultralehkých letadel v Evropě, je domovem čtvrtiny ultralehkých letadel prodávaných po celém světě. Druhou částí je výroba leteckých dílů pro velká dopravní letadla, vojenská letadla a vrtulníky. Česká republika ročně vyrobí v průměru 550 lehkých letadel, sportovních letadel a 1 400 vrtulí s plnými právy duševního vlastnictví. Více než 80% výrobků se exportuje, a zejména do zemí EU. Středočeský kraj je nejkoncentrovanější oblastí výroby letadel v České republice. Mezi největší společnosti v českém leteckém průmyslu patří AERO Vodochody a Evektor-Aerotechnik. Shark, jeden druh lehkých letadel, vyvinutý a vyráběný nezávisle v České republice, se těší světově proslulé pověsti. Jedná se o nejrychlejší ultralehké letadlo na světě, které jako trup používá kompozitní materiál z epoxidové pryskyřice z uhlíkových vláken a obsahuje žraločí bioniku pro efektivní design, který se podobá tvaru žraloka.

7. Nanotechnologie

Česká republika je ve světovém měřítku v čele vývoje nanotechnologií. Má nejen skupinu výkonných výzkumných institucí v oblasti nanotechnologií, jako je Středoevropský technologický institut (CEITEC), Regionální centrum pokročilých technologií a materiálů (RCPTM) a Institut pro nanomateriály, pokročilé technologie a inovace (CxI), ale také tvoří řadu reprezentativních podniků, jako jsou Elmarco, Synpo, Crytur a Optaglio. Například společnost Elmarco realizovala industrializovaný provoz společnosti Nanospider, první linky na výrobu nanovláken na elektrostatické zvlákňování na světě v roce 2006. Jako první na světě dodavatel průmyslového zařízení pro výrobu nanovláken podporoval vývoj high-tech produktů, jako jsou filtrační membrány pro čištění vody a vzduchové a funkční textilie, což vytváří příznivé podmínky pro další české podniky pro profesionální zpracování nanovláken. Během vypuknutí COVID-19 aplikoval Batist Medicalas, jeden z největších dodavatelů masek a ochranných pomůcek v České republice, nanotechnologii na výrobu masek. Díky široké perspektivě uplatnění má nanotechnologie obrovský vliv v oblastech strojírenství, automobilového průmyslu, letectví, elektroniky, textilu, biotechnologií, povrchových úprav, čištění a filtrace atd. Jedná se o prioritní oblast zahraničních investic v České republice. Podrobnější informace o vývoji nanotechnologií v České republice lze získat na webových stránkách (www. nanotechnologie.cz).

8. Sklářský a keramický průmysl

Jako jeden z tradičních průmyslových odvětví v České republice je sklářský a keramický průmysl proslulý po celém světě svou jedinečnou a vysoce kvalitní ruční výrobou. Existuje přibližně 150 podniků (převážně zaměřených na export), jejichž výrobky jsou distribuovány ve více než 180 zemích po celém světě a většina z nich se vyváží do Evropské unie. Výrobky s největším podílem na trhu jsou ploché sklo a výrobky jeho hlubokého zpracování, následované skleněnými obaly, výrobou skleněných vláken a sklem pro domácnost. Čeští výrobci skla a keramiky jsou jedním z nejvlivnějších výrobců v oboru. Věnují pozornost ochraně životního prostředí, aktivně provádějí koncept udržitelného rozvoje, zaměřují se na výzkum a vývoj a investice do moderní výroby, vyvíjejí nové technologie a postupy pro výrobu skla a keramiky a nadále zjednodušují výrobní procesy a otevírají nové exportní trhy.

9. Pivovarnický průmysl

Pivovarnictví zaujímá významné místo v potravinářském průmyslu České republiky. První pivovar v České republice byl postaven v roce 1118 s časově uznávanými značkami piva, jako jsou Herold, Bernard a Pilsner. S místním podnebím vhodným pro pěstování chmele je spotřeba piva na obyvatele v České republice na prvním místě na světě. Česká republika je významným producentem a spotřebitelem piva a jejími hlavními exportními cíli jsou země EU, zejména Slovensko, Německo a Polsko. Vývoz do zemí EU představuje přibližně 80% českého vývozu piva.

C. Vysoce závislý na mezinárodním obchodu

Česká republika vstoupila do Evropské unie v roce 2004. Obhajovala politiku volného obchodu, podporovala přímé zahraniční investice a hluboce se účastnila regionálních a globálních hodnotových řetězců. Jeho zpracovatelský průmysl má na mezinárodním trhu značnou konkurenceschopnost. Ve srovnání s CZ-NACE, statistickou klasifikací ekonomických činností Českého statistického úřadu se standardní klasifikací mezinárodního obchodu nebo SITC, zahrnuje zpracovatelský průmysl v České republice hlavně chemikálie a příbuzné výrobky (oddíl 5), průmyslové výrobky převážně klasifikované podle materiálů (oddíl 6), stroje a dopravní prostředky (oddíl 7) a další různé průmyslové výrobky (oddíl 8) (viz Graf 3-3). Podle obchodních statistik těchto čtyř kategorií dosáhl v roce 2019 dovozní a vývozní obchod českého zpracovatelského průmyslu 338,393 miliard USD, což představuje meziroční pokles o

2,0%. Mezi nimi byl vývoz 182,818 miliard USD, což je meziroční pokles o 1,5%; dovoz dosáhl 155,575 miliardy USD, což je meziročně pokles o 2,6%. Pokud jde o podíl na výrobní produkci, v roce 2019 činila česká zpracovatelská produkce 4 795,577 miliard Kč (209,103 miliard USD) a podíl vývozu dosáhl 87,4%. Je evidentní, že rozvoj české výroby těžil převážně z mezinárodního trhu. Z hlediska podílu obchodu se zbožím se česká zpracovatelská výroba v roce 2019 podílela na celkovém dovozu a vývozu zboží 89,3%, z toho vývoz byl 91,7% a dovoz 86,7%. Je zřejmé, že českému obchodu se zbožím dominuje výroba. Z hlediska obchodní bilance vykázal český zpracovatelský průmysl přebytek jako celek s přebytkem obchodní bilance 27,243 miliard USD v roce 2019, což představuje meziroční nárůst o 5,3%. Vzhledem k následujícím rokům přebytku obchodní bilance má Česká republika relativně bohaté devizové rezervy, což vytváří příznivé podmínky pro udržení relativní stability směnného kurzu a inflace české koruny. Česká republika je proto ve střednědobém a dlouhodobém horizontu schopnější udržovat makroekonomickou stabilitu než ostatní země Střední a Východní Evropy.

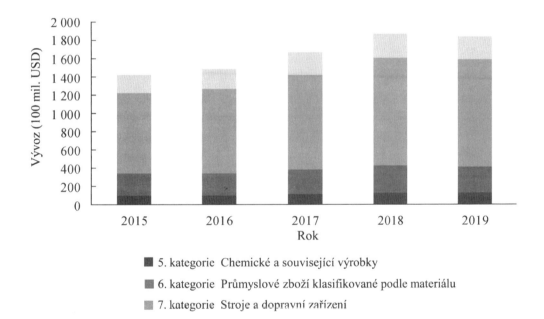

■ 5. kategorie Chemické a související výrobky

■ 6. kategorie Průmyslové zboží klasifikované podle materiálu

■ 7. kategorie Stroje a dopravní zařízení

■ 8. kategorie Různé průmyslové výrobky

Graf 3-3   Exportní stupnice hlavních sekcí českého zpracovatelského průmyslu SITC od roku 2015 do roku 2019

(**Zdroj:** Český statistický úřad)

Pokud jde o geografickou strukturu obchodních partnerů, většina českého zpracovatelského zahraničního obchodu probíhá v regionu EU s relativně vysokou závislostí na německém trhu. Podle statistik v kapitole Rozvoj se více než 70% českého obchodu se zbožím uskutečnilo v EU, z toho asi 1/3 vývozu a 1/4 dovozu se uskutečnilo s Německem. Česká republika je důležitou součástí německého průmyslového dodavatelského řetězce a poskytuje různé komponenty ve výrobní oblasti pro Německo a další vyspělé země Evropské unie. Česká vláda rovněž vyzývá podniky, aby aktivně prozkoumávaly trhy mimo EU a postupně dosáhly diverzifikace trhu, aby snížily svou závislost na trhu EU.

V rámci komoditní struktury dominují automobily, stroje a elektrická zařízení. Sedmá kategorie strojů a dopravních zařízení je největší částí zpracovatelského obchodu. V roce 2019 činila hodnota vývozu 117,472 miliard USD a hodnota dovozu 86,369 miliard USD, což představuje 64,3%, respektive 55,5% zpracovatelského průmyslu. Podle statistik dvouciferného kódu SITC v kapitole Vývoj spadá pět nejvýznamnějších komodit vývozu a dovozu v České republice do kategorie strojů a dopravních zařízení a celkový vývoz a dovoz činil 57,0% a 47,6% výroby respektive. V 7. části strojů a dopravních prostředků vykázala největší přebytek obchodní bilance pozemní vozidla (včetně typu vzduchového polštáře), která dosáhla 22,191 miliard USD, což odpovídá 81,5% celkového přebytku obchodní bilance zpracovatelského průmyslu. Další analýza tříciferného kódovaného zboží SITC (viz tabulka 3-2) ukazuje, že automobily a automobilové díly jsou prvními dvěma exportními komoditami zpracovatelského průmyslu. V roce 2019 činil vývoz 37,929 miliard USD, což představuje více než 20% celkového vývozu zpracovatelského průmyslu, což ukazuje na pilířovou pozici automobilového průmyslu.

Tabulka 3-2   10 top komodit vyvážených českým zpracovatelským průmyslem v roce 2019

SN	Jméno komodity	Hlavní kategorie, do které patří	Celková částka (100 mil. USD)
1	Automobily	Stroje a dopravní zařízení	223,67
2	Automobilové díly	Stroje a dopravní zařízení	155,62
3	Stroj na automatické zpracování dat a jeho zařízení	Stroje a dopravní zařízení	130,70
4	Telekomunikační zařízení a jeho komponenty	Stroje a dopravní zařízení	129,38
5	Spínač obvodu	Stroje a dopravní zařízení	60,77
6	Zařízení elektrického stroje	Stroje a dopravní zařízení	51,21
7	Základní kovové výrobky	Průmyslové zboží klasifikované hlavně podle materiálu	47,20
8	Nábytek a jeho části	Různé průmyslové výrobky	42,57
9	Distribuční zařízení	Stroje a dopravní zařízení	36,83
10	Dětské kočárky, hračky, hry a sportovní potřeby	Různé průmyslové výrobky	34,89

(**Zdroj:** Český statistický úřad)

Poznámka: Obchodní komodity jsou klasifikovány podle tříciferného kódu SITC.

Vzhledem k vysoké koncentraci a úzkému propojení se zahraničním obchodem je český zpracovatelský průmysl citlivý na změny vnějšího prostředí. V roce 2019 český vývoz mírně poklesl kvůli slabé poptávce v asijských zemích a průmyslové recesi v Německu. Ve čtvrtém čtvrtletí roku 2019 klesla česká zpracovatelská produkce o 2,2% v důsledku slabé poptávky pilířového průmyslu automobilového průmyslu.

D. Aktivně řídit rozvoj digitalizace

Česká vláda přikládá velký význam moderním technologiím a službám a usiluje o to, aby se Česká republika stala přední zemí v oblasti inovací a digitalizace. V procesu vývoje výroby se Česká republika rovněž zavázala k vytvoření nového sociálního prostředí a umožnění digitální transformace na podporu modernizace výroby. V posledních několika letech česká vláda aktivně řídila rozvoj digitální ekonomiky, často začlenila digitalizaci do různých strategických plánů hospodářského rozvoje, což přinese nový impuls hospodářskému rozvoji a modernizaci průmyslu. V únoru 2016 vláda České republiky schválila Národní plán rozvoje sítí nové generace (dále jen „Národní plán"), jehož cílem je zlepšit pokrytí a rychlost šířky pásma sítě. V říjnu 2018 vláda ČR schválila „Digitální strategii" a vydala mezioborový strategický dokument „Digitální Česko v. 2.0: Cesta k digitální ekonomice" se zavázala podporovat proces digitalizace založený na třech pilířích (Česká republika na pozadí digitální Evropy, digitální veřejné správy, digitální ekonomiky a společnosti). V únoru 2019 vláda České republiky schválila „Národní inovační strategii" a vydala „Zemi pro budoucnost: Inovační strategie České republiky (2019–2030)", která navrhuje vybudovat z České republiky inovačního lídra v Evropě do roku 2030. „Česká inovační strategie" zahrnuje devět pilířů, které zahrnují výzkum a vývoj, digitalizaci, práva duševního vlastnictví, inteligentní investice a marketing. V rámci národní inovační strategie schválila vláda v květnu 2019 „Národní strategii umělé inteligence (AI)", jejímž cílem je vybudovat z České republiky model v oblasti aplikace AI v Evropě. Strategické zaměření zahrnuje zabezpečení sítě, průmyslovou a výrobní ochranu se zvláštním důrazem na zajištění bezpečnosti lidí ve vozidlech bez řidiče, robotů a automatických zbraních. V reakci na současnou nízkou úroveň digitalizace českých vnitrostátních správních služeb schválila Poslanecká sněmovna na konci roku 2019 Digitální ústavu, jejímž cílem bylo postupně realizovat digitalizaci vnitrostátního správního zpracování a poskytování služeb při zvyšování efektivity veřejné správy správa. V červnu 2020 schválila vláda České republiky „Implementace státní politiky Digitální Česko na období 2020–2021" s primárním cílem realizace služeb digitální správy.

Za účelem měření pokroku v implementaci digitalizace přidal Český statistický úřad od roku 2017 k vyhodnocení úrovně digitalizace České republiky a využití moderních technologií v různých sektorech národního hospodářství některé ukazatele, jako je rychlost připojení k internetu, cloud computing, 3D tisk, robotika, velká data, elektronický obchod a výměna dat. V roce 2019 vydala společnost IMD třetí vydání Světového žebříčku digitální konkurenceschopnosti. Výsledky ukázaly, že vzhledem k relativní zaostalosti v efektivitě veřejné správy a pokroku v budování infrastruktury kleslo pořadí digitální konkurenceschopnosti České republiky mezi 63 ekonomikami světa z 29. pozice v roce 2018 na 33. místo. Prostřednictvím vyhodnocení tří faktorů: digitální znalosti, digitální technologie a digitální připravenost si digitální konkurenceschopnost IMD klade za cíl měřit schopnosti a připravenost ekonomiky přijmout a prozkoumat využití digitální technologie k podpoře transformace podniků, vlád a širší společnosti a ekonomiky. V roce 2019 byly zavedeny dva nové ukazatele týkající se „robotické technologie" a má se za to, že digitální znalosti, flexibilita a technologie umělé inteligence jsou nezbytné pro zvýšení digitální konkurenceschopnosti.

II. Perspektiva rozvoje českého zpracovatelského průmyslu

A. Vývojové výhody

Podle Zprávy o globální konkurenceschopnosti z roku 2019 zveřejněné Světovým ekonomickým fórem se Česká republika umístila na 29. místě ze 140 nejkonkurenceschopnějších zemí a regionů na světě. Doing Business Světové banky analyzuje a hodnotí obchodní předpisy a ochranu vlastnických práv 190 ekonomik na světě, výsledek ukazuje, že Česká republika se v roce 2019 umístila na 35. místě. Podle nejnovější výzkumné zprávy vydané společností Cushman & Wakefield v roce 2020, Česká republika se umístila na 4. místě mezi zeměmi nejvhodnějšími pro rozvoj výroby na světě a na 1. místě mezi evropskými zeměmi. Ve srovnání s ostatními zeměmi spočívají rozvojové výhody českého zpracovatelského průmyslu hlavně v technologických inovacích, politickém prostředí a výhodách integrovaných nákladů.

1. Výhody technologických inovací

Díky určitým možnostem výzkumu a vývoje a výhodám technologických inovací má český zpracovatelský průmysl pevný základ pro inovace a aplikovaný výzkum s bohatou vysoce kvalifikovanou pracovní silou.

Za prvé, s pevným základem pro inovace a aplikovaný výzkum, má Česká republika vedoucí postavení v nejmodernějších vědeckých a technologických oblastech, jako jsou technologie bez řidiče, vědy o živé přírodě a nanotechnologie. Společnosti Honeywell International, General Electric Airlines, BMW a mnoho dalších velkých mezinárodních společností investovalo do budování center výzkumu a vývoje v České republice. V roce 2017 Česká republika založila 41 výzkumných a vývojových center s celkovou investicí 21 miliard RMB. Například Vysoká škola textilního inženýrství Technické univerzity v Liberci (TUL) se věnuje výzkumu aplikace a vývoje nových materiálů, jako jsou nanotechnologie v oblasti oděvů a technických textilií, vývoji kompozitních struktur obsahujících anorganická vlákna, nanočástice a textilem výztužné materiály, navrhování a hodnocení inteligentních textilií, jakož i zlepšování a vývoj technologií zpracování nových materiálů, nové energie a nových dopravních médií v textiliích. Kromě toho, protože české podniky přikládají výzkumu a vývoji větší význam, rozšířily investice do výzkumu a vývoje a postupně zvyšovaly podíl výzkumu a vývoje. Pravidelné průzkumy provedené Českou konfederací průmyslu ukazují, že více než 40% průmyslových podniků plánuje zvýšení investic. Podle údajů Eurostatu činil podíl českých investic do výzkumu a vývoje na HDP v roce 2018 přibližně 1,9%, což je o něco méně než průměr EU (2,2%). Česká republika plánuje zvýšit podíl na 2,5% do roku 2025 a dále na 3% do roku 2030.

Zadruhé, Česká republika je bohatá na vysoce kvalifikované pracovní zdroje, jejichž úroveň a kvalita vzdělání jsou obecně vysoké. Soudě podle kvality pracovní síly má Česká republika skupinu vysoce kvalitních a technologicky vyspělých pracovních sil. Podle údajů zveřejněných Českým statistickým úřadem je úroveň vzdělání v České republice obecně rozdělena do čtyř kategorií, a to gymnázium, střední technické vzdělávání, vyšší odborné vzdělávání a vysokoškolské vzdělávání. Jak ukazuje Graf 3-4, průměrná česká populace má relativně vysokou úroveň vzdělání, má přibližně 250 000 vysokoškolsky vzdělaných lidí. Podle údajů Eurostatu byla míra penetrace vyššího vzdělání české pracovní síly ve věku 15 až 64 let v roce 2019 21,6%. Podle statistik se navíc celkový vzdělávací systém České republiky řadí mezi 20 nejlepších na světě, zatímco jeho úroveň vzdělání na obyvatele je čtvrtá na světě a průměrná míra vysokoškolského vzdělání se řadí mezi nejlepší v Evropská unie. Celkově je česká pracovní síla vysoce kvalitní s bohatými technickými nadáními vhodnými pro rozvoj high-tech odvětví.

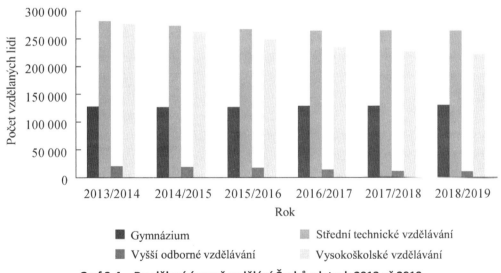

Graf 3-4   Rozdělení úrovně vzdělání Čechů v letech 2013 až 2019

(**Zdroj:** Český statistický úřad)

2. Výhoda politiky

Česká vláda podporuje zahraniční investice, přikládá důležitost podpoře zahraničních investic do české ekonomiky a má politické výhody. S cílem optimalizovat průmyslovou

58

Zpráva o rozvoji hospodářské a obchodní spolupráce mezi provincií Zhejiang
a Českou republikou v rámci iniciativy „Pás a stezka" (2020)

struktur Česká republika postupně přizpůsobila své zahraniční investiční politiky a zaměření a postupně zavedla řadu preferenčních politik, jako jsou daně, zaměstnanost, výzkum a vývoj atd., které vedou zahraniční investice k high-tech průmyslovým odvětvím a nově vznikajícím odvětvím. Podle Světové investiční zprávy z roku 2020 vydané UNCTAD činil v roce 2019 tok zahraničních investic v České republice 7,577 miliard USD a do konce roku 2019 objem zahraničních investic v České republice 170,682 miliard USD.

V roce 1998 zavedla Česká republika zákon o českých investičních pobídkách s cílem podpořit přímé zahraniční investice do České republiky. Od té doby vláda České republiky provedla revizi zákona v souladu s příslušnými předpisy EU a změnami ve struktuře zahraničních investic, zejména s cílem uvolnit omezení zahraničních investic, přijmout pravidla státní podpory EU, omezit daňové pobídky a finanční dotace na investiční projekty ve výrobě a zvýšit podporu investičních projektů v technologických centrech a služeb na podporu podnikání. V květnu 2015 nově revidovaný zákon o investičních pobídkách posílil podporu výroby, technologických center, středisek služeb podpory podnikání a strategických investorů a zvýšil investiční pobídky. Za účelem zvýšení konkurenceschopnosti českého průmyslu a snížení příslušného rozpočtu zahájila Česká republika v září 2019 novou novelu zákona o investičních pobídkách, která revidovala zejména postupy podávání žádostí, rozsah dotace a dotační podmínky pro investiční pobídky, s cílem podpořit projekty, které mají vysokou přidanou hodnotu a mohou vytvářet více kvalitních pracovních míst. Ve zpracovatelském odvětví vyžaduje nový zákon, aby mzdy více než 80% zaměstnanců v podnicích se zahraničními investicemi musely splňovat místní průměrnou mzdovou úroveň a aby splňovaly alespoň jednu z následujících tří podmínek, které jsou považovány za podmínky s vysokou přidanou hodnotou: 1) Podíl vysokoškolských studentů na nových pracovních místech není nižší než 10%; 2) Zaměstnanců výzkumu a vývoje není méně než 2%; 3) Investice do vybavení pro výzkum a vývoj nesmí být nižší než 10% z celkové investice. Kromě toho je z hlediska postupů při podávání žádostí stanoveno, že všechny žádosti o investiční dotace budou vyhodnoceny a schváleny vládou České republiky. Podle principů tradičních výhod a rozvojového potenciálu podporuje česká vláda zahraniční investice do technologicky vyspělých výrobních odvětví, jako je elektronika, elektrotechnika, letecký průmysl, výroba špičkových zařízení, high-tech výroba automobilů, biologie, nanotechnologie, farmaceutika, biotechnologie a lékařské vybavení, obnovitelné zdroje energie a čisté technologie.

Podle různých stádií českého ekonomického vývoje česká vláda hodnotí situaci, postupuje s dobou a včas upravuje politiku investičních pobídek. Vláda zachází se zahraničními investicemi a domácími podnikovými investicemi stejně a přijímá stejné preferenční politiky. Díky podpoře národních investičních pobídkových politik a fondů EU se český zpracovatelský průmysl transformuje a upgraduje z primární výroby a montáže na vyspělý zpracovatelský průmysl s vysokou technologií a vysokou přidanou hodnotou přilákáním a využitím zahraničního kapitálu.

3. Integrovaná výhoda nákladů

Ve srovnání se západoevropskými zeměmi má Česká republika zjevnou konkurenční výhodu, pokud jde o integrované náklady. Česká republika se nachází „v srdci" Evropy a má tak strategickou pozici jako centrum velkého evropského trhu. Dopravní síť je relativně rozvinutá, s pohodlnou přepravou po železnici, dálnici, vzduchem a po vodě a pohodlnou přepravou se sousedními zeměmi, což z ní činí důležitý tranzitní uzel evropské dopravní sítě. V roce 2019 má Česká republika 1 223 kilometrů dálnic a 2 628 kilometrů evropských vysokorychlostních sítí, které ji spojují se sousedními zeměmi a vyzařují do celé Evropy. Je to země s nejvyšší hustotou dopravní sítě ve střední a východní Evropě. České dráhy mohou vést do velkých evropských měst se skutečným počtem najetých kilometrů asi 9 564 kilometrů a hustotou 12 kilometrů na 100 kilometrů čtverečních. Český letecký průmysl se rychle rozvíjí a je spojen leteckými linkami s významnými evropskými městy. V současné době existuje v České republice 91 civilních letišť, včetně 7 mezinárodních letišť v Praze, Brně, Ostravě, Karlových Varech a Pardubicích a 4 vojenská letiště v Čáslavi a dalších městech. Česká republika je vnitrozemská země ve střední Evropě. Neexistují žádné velké přístavy a námořní přístavy, ale je zde mnoho malých vnitrozemských přístavů a doků, které se nacházejí hlavně podél řeky Labe ve městech jako Děčín, Praha a Ústí nad Labem. Těmito vnitrozemskými přístavy se lze dostat do Rotterdamu a dalších velkých mezinárodních přístavů. Kromě toho Česká republika vyvinula elektrickou energii a je významným vývozcem energie v Evropě; komunikační průmysl se rychle rozvíjel a v zásadě dosáhl vytváření sítí.

B. Rozvojové dilema

Výrobní průmysl je důležitou hybnou silou české ekonomiky a má jedinečné vývojové výhody. Současně však český zpracovatelský průmysl čelí mnoha problémům a výzvám, které se odrážejí zejména v nedostatku pracovních sil, nízké produktivitě práce a poklesu marží podniků.

1. Nedostatek pracovních sil

Stejně jako mnoho evropských zemí i Česká republika čelí stále vážnější pracovní krizi. Nedostatek pracovních sil, zejména nedostatek profesionálních a kvalifikovaných pracovníků, vzbudil rostoucí obavy české vlády a podniků. Česká pracovní síla je nedostatečná a nedokáže uspokojit poptávku na trhu práce. V některých profesních oborech s velkou poptávkou je rezerva práce vážně nedostatečná, což ve střednědobém a dlouhodobém horizontu vede k nerovnováze mezi nabídkou a poptávkou na trhu práce. V roce 2018 uvedlo 45% českých výrobců nedostatek pracovních sil jako jeden z hlavních faktorů omezujících výrobu a celkový počet volných pracovních míst přesáhl 300 000. Trh práce vykazuje zjevné známky přehřátí. Od dubna 2018 začal počet volných pracovních míst převyšovat počet uchazečů o zaměstnání.

Z hlediska konkrétních průmyslových odvětví má Česká republika nedostatečný počet čerstvých absolventů, kteří odpovídají odpovídajícím průmyslovým odvětvím. Například v

60

Zpráva o rozvoji hospodářské a obchodní spolupráce mezi provincií Zhejiang
a Českou republikou v rámci iniciativy „Pás a stezka" (2020)

automobilovém průmyslu již dlouho chybí vysoce vzdělaní kvalifikovaní pracovníci. V roce 2018 bylo v automobilovém průmyslu asi 20 000 volných pracovních míst. Pivovarnictví se potýká s nedostatkem pivovarníků. Hledání nového pivovarníka obvykle trvá několik měsíců nebo dokonce rok, takže existují „létající pivovarníci", které se mohou postarat o tři až čtyři mikro pivovary. V textilním a oděvním průmyslu je vážný nedostatek nových pracovníků s textilním vzděláním. Na jedné straně v České republice není mnoho mladých lidí se zájmem o textilní a oděvní vzdělávání. Na druhé straně je střední vzdělání a učňovské vzdělávání v textilních a oděvních oborech relativně slabé. V České republice kromě Technické univerzity v Liberci neexistují žádné další textilní technické školy. Za účelem zlepšení této situace zahájila Česká republika dohodu o spolupráci založenou na regionech, podnicích a školách zaměřenou na uspokojování vzdělávacích potřeb textilních podniků v různých regionech.

Nedostatek na trhu práce se projevuje také v rychlém růstu mezd. Aby bylo možné vyřešit problém „obtížného náboru", musí české podniky zvyšovat mzdy a snažit se přilákat pracovníky ze zahraničí. Jak ukazuje Graf 3-5, tempo růstu jednotkových nákladů práce a

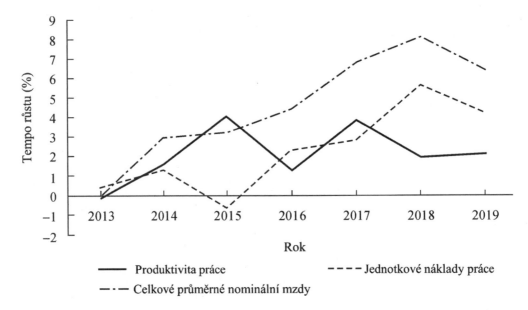

Graf 3-5   Trendy české produktivity práce, jednotkových nákladů práce a průměrného růstu mezd v letech 2013 až 2019

(**Zdroj:** Český statistický úřad)

průměrné nominální mzdy vykazuje vzestupný trend. I když tempo růstu v roce 2019 mírně pokleslo, je stále na relativně vysoké úrovni růstu. Zejména v posledních dvou letech rostly průměrné mzdy a jednotkové náklady práce mnohem rychleji než produktivita práce, což dlouhodobě nepřispívá k udržitelnému rozvoji české ekonomiky. S cílem zmírnit problém nedostatku pracovních sil zavedla česká vláda v roce 2016 plán přijímání pracovníků z Ukrajiny.

Podle statistik českého Ministerstva práce a sociálních věcí pracovalo v České republice do konce roku 2018 121 000 Ukrajinců, což představuje 1/5 zahraničních zaměstnanců. Od listopadu 2019 zvýšila Česká republika roční kvótu ukrajinských pracovníků z 19 600 na 40 000.

2. Nízká produktivita práce

Přestože český zpracovatelský průmysl v posledních letech roste, ve srovnání se západoevropskými zeměmi zůstává produktivita práce stále nízká, což roste pomalu a výrazně kolísá (viz Obrázek 3-5). Srovnání mezi Českou republikou a Německem ukazuje, že Češi pracují déle než Němci, ale jejich produktivita a mzdy jsou nižší než v Německu. Například v roce 2017 činila hodinová produktivita práce Čechů 38 USD, což bylo pouze 60% německé úrovně produktivity práce; v roce 2018 činila hodinová produktivita práce Čechů pouze 59% produktivity Němců a produktivita jednotlivých pracovníků činila 77% produktivity Němců; v roce 2019 pracovala česká pracovní síla v průměru 40 hodin týdně, což je více než průměr EU (37 hodin) a průměr Německa (34,8 hodin). V zájmu zachování konkurenceschopnosti zpracovatelského průmyslu v globální ekonomice musí Česká republika naléhavě neustále zlepšovat svou produktivitu práce pomocí automatizace a digitalizace.

3. Klesající marže na zisku společnosti

Zisky českých výrobních podniků byly stlačeny různými faktory a ziskové marže postupně klesaly. Kromě zvýšení jednotkových mzdových nákladů se zvyšují i další vstupní náklady, včetně cen elektřiny, nákladů na suroviny a služby, úrokové sazby půjček. Tyto rostoucí náklady se snadno stanou překážkami dalšího rozvoje podniků. V tvrdé konkurenci na trhu nemohou podniky často plně promítnout vyšší náklady do vyšších cen a musí snižovat zisky. Kvůli poklesu ziskových marží musí stále více výrobních podniků odkládat nebo dokonce omezovat investiční plány, jako je výzkum a vývoj.

C. Vyhlídky do budoucnosti

V krátkodobém horizontu, zasaženém epidemií, byla česká ekonomika vážně brzděna slabou domácí a mezinárodní poptávkou, přičemž největší nápor měl zpracovatelský průmysl. Index výrobních nákupních manažerů (PMI) je „fyzickou zkouškou" pro měření zpracovatelského průmyslu v zemi a je považován za hlavní ukazatel pro sledování ekonomiky. Mezi nimi je 50 považováno za linii rozmachu nebo krachu, vyšší než 50 označuje ekonomickou prosperitu a expanzi průmyslu; nižší než 50 znamená hospodářskou recesi a zmenšování průmyslu. Jak ukazuje Graf 3-6, český výrobní PMI klesl v prosinci 2018 na 49,7, což bylo poprvé od srpna 2016, kdy klesl pod hranici 50. Od té doby byl PMI pod 50 a postupně klesal. V dubnu 2020 klesl český výrobní PMI na 35,1, což je nejnižší úroveň za poslední desetiletí. Ukazatele výroby a nových objednávek rovněž zaznamenaly největší pokles od finanční krize v roce 2009. Hlavním důvodem je to, že v důsledku vypuknutí epidemie a eskalačních protiepidemických opatření českou vládou prudce poklesla poptávka po výrobě a zavřelo velké množství podniků. S uvolněním kontrolních opatření a opětovným provozem podniků PMI pokračovala v oživování až do července, kdy vzrostla na 47, což je nejvyšší hodnota za posledních 16 měsíců, ale stále pod hranicí rozmachu a krachu 50 a vyhlídka zpracovatelského průmyslu stále není optimistická. Podle IHS Markit česká průmyslová výroba v roce 2020 poklesne o 10%.

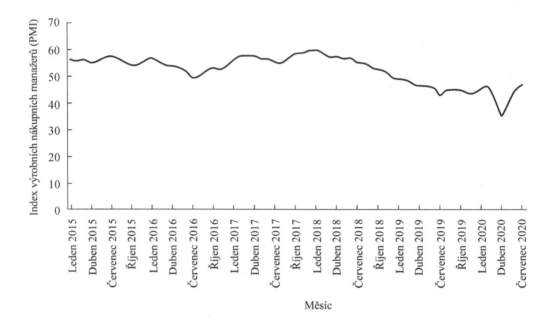

Graf 3-6   Trend PMI českého zpracovatelského průmyslu od roku 2015 do roku 2020

(**Zdroj:** IHS Markit)

Česká republika představuje vysoce otevřenou ekonomiku. Její hospodářské oživení nemůže být nezávislé na globální ekonomice a závisí na oživení globální ekonomiky, zejména Evropské unie. Podle statistik je Česká republika na 17. místě v Globálním indexu ekonomické otevřenosti a na 9. místě v Evropské unii. Vysoká míra ekonomické otevřenosti znamená, že zlepšení mezinárodní situace je pro Českou republiku zásadní. Rozvoj českého zpracovatelského průmyslu bude do značné míry záviset na mezinárodním prostředí a domácích podpůrných opatřeních. Epidemie COVID-19 bude největší hrozbou pro současné oživení české výroby. Eskalace obchodního protekcionismu, Brexit, čínsko-americké vztahy a evropsko-americké obchodní vztahy zvýší nejistotu.

Ve střednědobém a dlouhodobém horizontu musí český zpracovatelský průmysl využít nových růstových bodů a posílit svoji následnou konkurenceschopnost. Po čtvrté průmyslové revoluci jsou inovace mimořádně aktivní; jedna po druhé se objevují nové technologie, nové formáty a nové modely, jako je umělá inteligence, cloud computing a velká data; výstavba zeleného, kruhového a nízkouhlíkového moderního průmyslového systému se zrychluje. To vše přineslo restrukturalizaci globální průmyslové divize. Za účelem zvýšení konkurenceschopnosti České republiky ve čtvrté průmyslové revoluci schválila vláda v srpnu 2016 oficiálně Iniciativu Průmysl 4.0. V této iniciativě analyzovala vývojový trend českého průmyslu a možná rizika v budoucnu čelit a předložit odpovídající návrhy. Iniciativa se zaměřila na oblasti, jako jsou datová a komunikační zařízení, vzdělávání a dovednosti, trh práce a globální dodavatelské řetězce. V únoru 2017 české Ministerstvo průmyslu a obchodu založilo Alliance Society 4.0 a v rámci Průmyslu 4.0 formulovalo akční plán. V září 2017 česká vláda oficiálně schválila Akční plán pro společnost 4.0 a jako pilíře plánu uvedla vzdělávání, práci, elektronickou správu, průmysl, podnikání a konkurenceschopnost. Pro český zpracovatelský průmysl, který má stále větší hrdlo, může Průmysl 4.0 aktivovat trh práce, zlepšit automatizaci, inteligenci a digitalizaci zpracovatelského průmyslu, a tak účinně zmírnit potíže, s nimiž se český zpracovatelský průmysl potýká, přinést jeho rozvoji nové příležitosti a napomáhat transformaci a modernizaci české ekonomiky.

Poděkování

Zpráva o vývoji české hospodářské spolupráce v Zhejiangu v rámci iniciativy Hedvábné stezky (2020) byla úspěšně vydána. V této části bychom rádi poděkovali všem zúčastněným skupinám a sektorům společnosti za jejich pomoc, vedení a podporu, které přispěly k vydání této zprávy.

Při sestavování této zprávy jsme obdrželi důsledné podklady od obchodního odboru provincie Zhejiang. Jeho podřízená kancelář pro vnější styky, kancelář pro zahraniční ekonomiku, kancelář pro rozvoj obchodu, Centrum zahraničního obchodu a další příslušná oddělení nám poskytly plnou podporu a nabídly cenné návrhy a připomínky k obsahu této zprávy.

Během procesu sběru dat získala zpráva plnou spolupráci a podporu od mnoha podniků, jako jsou CHINT Group, Dahua Technology, Wanxiang Group, Zhejiang Huajie Investment Development Co., Ltd., Hamaton Automotive Technology Co., Ltd. a další.

Skutečné ocenění patří kolegům Výzkumného centra a upřímná vděčnost týmům anglických překladatelů, českých překladatelů a externích auditorů za jejich neúnavné úsilí přispívající k úspěšnému vydání této zprávy v čínské, anglické a české verzi současně.